17岁的女孩
如何用销售创造奇迹?

90后超级演说家

石园园 · 著

销售
创造奇迹

这是101个企业家的衷心力荐
这是101个世界大师的智慧云集

文汇出版社

谨以此书献给：为梦想而奋斗的人

知恩、感恩与报恩

人生总是这样，在最后的跑道上才发现，是你没预料到的人，竟能坚持到最后。而石园园，这样一个年轻又矮小的女孩，就证实了这件事。

在前几年，她还是一个生活坎坷的养女，没几年，透过《超越极限》的密集学习，她的学以致用，让她快速的、有如麻雀变凤凰般的，成为我们的坚强团队。

从上台青涩到成为主持人，她在我们的教室里坚持学习与付出。她给众人带来的震撼是，事在人为，无事不可能！她带我的欣慰是，无数的学员进入我们的教室又学成离开教室，而她是能坚持继续学习，所学所用的少数之一。她把我们教给她的东西彻底运用、发扬且做出成果、更重要的是她保持对这个教室的付出，这是为人师最期待的。

她的成功理由有三：
1. 狂热的学习；
2. 不怕接受挑战；
3. 最重要的是她是一个懂得报恩的人。

她对她的老板周大森的臣服及奉献，对许伯恺老师的敬畏及服务，我们看到了一个稀有的品质：感谢之后的知恩，知恩之后的报恩。

须知世上心有感谢、知道承受恩情、且在口头上有所表示的人很多，但少有人在感谢、知恩后，能采取具体的、且是持续的、坚持的报恩行动，而年轻的她做到了。

在我们的教室里，强调人生唯一留下的东西，那就是"影响力"。石园园虽然这么年轻，但她显然是掌握住了我们的核心价值观，她以最快的速度超越了求名求利的境界，和我们同样的追求"影响力"。

她想影响失学的人产生奋起的斗志！因为她的失学，她目前的起心动念，全是志在帮助失学少年。

她的大愿及终极目标，要在30年里，帮助33,333个孩子读得起书。不但要让他们得到好的教育，更要懂得读书的难能可贵，最重要的是要让他们都成为能感恩的人，并且要学会给予。这个目标要在30年之内达成，她希望被帮助的每个人再帮一个人，接着就会又出现一个3万3千人，这样维持20年，她相信中国就再也没有读不起书的孩子了。少年有大志！万事皆可为！

欣闻她即将出版自己的第一本书，我毫不意外，因为愿有多大，力就有多大，势就有多大！

石园园的思想及行动，在在证实了《超越极限》教室的威力及影响力。只要她持续这种学习的态度及速度，我们相信有一天她会以九〇后的身份站上国际舞台，示范「英雄出少年」的无限可能。

同样，只要她持续这种报恩的态度，我们相信她的贵人会越来越多，会帮助她成功得更快！所以我大胆的预言石园园未来会点亮更多人的生命！

梁凯恩

写于 2016 年 9 月 24 日

超越老师的学生！

第一次看到石园园，是在她 19 岁时，一般人几乎不会注意到她的存在，因为一个又小又矮长相又不起眼的小女孩、出现在满满是学员的教室里，谁会注意到她？但是神奇的事发生了，她竟然在我们的高手对决的公众演说教室里，第一次比赛就得到冠军？我的内心告诉我，这也许是侥幸！

然而日后的天天 PK 赛，她总是名列前茅！

实在让人感觉到很夸张，所以让我明白，她凭的不是侥幸、运气，而是实力。

她的实力，就是除了一上舞台她勇气满满外，她还具有一种难得的节奏感，一拿起麦克风就能抓住人心，她的表现让我突破她的外型而开始研究她。

她的老板周大森是我的大徒弟，常听到他提到她的故事。

曾经是个小女工，竟敢在 18 岁就只身一人代表大爱堂到上海打市场，这是多么神奇的事？

后来我成立师门，周大森就让年纪这么轻的石园园拜我为师，成为正式入门弟子了，从此，她就成为一个一直在我左右、总是主动抢著做事的人。有事就做、知错必改、言出必行……

我在她身上看到我自己的影子，我还看到她对老师长辈尊重，对恩人的感恩，并将之排在人生价值观的最前面，这些特质让我更觉得：一定要全力来培养这个人才。

她是天生属于舞台的人，她对演说舞台总有很强的渴望，不但持续在公众演说课及主持人角色上展现爆发力，还搭配独特的销售力，她就是渴望能上台！

我曾观察在她演说技巧还不成熟时，守在舞台旁边，观看着每个上台的人并做着密密麻麻的笔记，她的渴望表露无遗。

等到她能上台时，就是能发亮发光。一开始，她也会说错话，但只要你一纠正她，她的改变速度惊人，我们看到了完美的空杯心态。我挑战她、常常临场告诉她："等下就换你上！"换成一般人会非常害怕，而她总是能接招。

能力每个人体内都是有的，但是会恐惧自己没有，只要愿面对挑战，体内有的就会出来！直接突然体验的那个过程，就是最快的学习。

颜值不高、年纪太轻及初中没毕业，可以说这三个都是人生的三大致命伤，可是我在她身上看到了阳光，很多人天分虽高，但在没有人知道你、认可你之前，你是没有收入、要当志愿者做白工、甚至是没有舞台的。在看不到成果的那个阶段，可能连自己都不知该不该、能不能撑过去，所以"阵亡"在胜利门前的人甚多。

而石园园不同，她习于在黑暗中匍伏前进，她耐心且稳定地通过各种考验，由学习态度、忠诚指数、销售能力到应变能力……一一过关。她就像个拼命三郎，做业务总能拿到好成绩，销售名次总在前面几名，加上演讲的出色表现，让身为师父的我对她越来越有信心。

她唯一的问题，就是九○后的通病，不喜欢太大压力，见到过大的压力就会逃避。

她有业务功底，已有不错的生活，对未来也没有梦想愿景，住个 8 千租金的房子，开个全款 30 万买的福特车子对她而言就很好了。

但是安适会影响成长，所以我强迫她换掉刚买没多久的福特去买宝时捷，同时要她搬到我的小区——上海的三大豪宅之一的住宅，我要她提升层次，故意增加她新的压力！

因为，格局不同视野就不同，不经历某种高度，视野就是不会突破。记得当时她抱怨："啊，我们的友谊小船都要翻了！"我知道这样的鞭策没有几个人能扛得过，应该说不超过5个人吧？而她就是其中一个。

凡人总是希望拥有那个结果，但不愿意付出得到那个结果的过程，但她做到了。

现在她到处跟着我上讲台，由百人的到上万人、甚至到了美国的斯坦福大学演讲，她的知名度在巡讲界中快速提升，可以预见她未来的大好前程。

23岁的她，已做到了当年我在30岁才做到的。我是34岁才站上万人讲台，她身为主持人，比我更早站上大舞台。我到36岁才出第一本书，而她才23岁就出第一本书了。

我对她的计划，是在未来的5年里，在全国的演说界中让她至少可以排在前5名里。我对她充满信心，她一定能在30岁前成为亚洲级的演员。我的计划是要她成为潜能激发大师，她今天的选择只是个起步，绝对不止于此。

每个负责任的老师都应有一个信念：自己的一辈子若不至少培养一个超越自己的学生，就是个乌龙老师。而石园园就是我期待的那一个超越老师的学生。

许伯恺
石园园的师父
写于2016年7月12日

改变90后概念的一位明日之星

石园园，一个90后小女生，一点也不起眼。

我们的教室里多半都是60、70、80后的企业老板，几乎没有90后的学员，她之所以会吸引我的目光，最多也就是她的90后身份。

但是当我知道才18岁的她是"大爱堂"养生连锁机构的上海分公司负责人时，我就再也无法小看她了。

我好奇：为什么她的董事长周大森会支持她这样一个没有什么背景的小女孩来上海发展呢？越认识她，就越感到惊讶。这么年轻，却因从小就开始工作，因而社会经历已有一长串。

她的特殊经历听了让人动容，再加上认真努力的天分，我开始知道她一定会是一个人物了。原因是，她的身上有许多90后甚至80后的人身上都稀有的特质。

第一个特质，就是"学习能力"的天分。

其实天分指的不只是音乐、艺术、口才……这些能力。"学习能力"也是一种天分。

许多人是你说了半天、讲好几遍了也听不懂，不理解。

而她不同，几乎对她说话，她一听就懂，一懂就做，毫无障碍！

我们经常看到她听话照做、立即调整后超乎想像的改变与成果。这种只要讲一遍、就能让人看到结果的能力，实在是非常厉害的。这也是为什么许伯恺老师这么地喜欢她、且看中她要培育她的主因。

第二个特质，就是她是个特别懂得感恩的人。

从认识她的那一天到目前为止，始终听到她开口闭口提到对周大森董事长的感谢。我们总是听到她说："我拥有的一切，都是因为周董的帮助与支持。我最早是个完全不会销售的人，是周董教会了我如何卖产品，今天我的成交能力是他开始教的。我能够不满20岁一个月做百万营业额，也都是他给我机会的。"

因此，为了周董的事业，她不遗余力地以行动证明，她在销售平台上要为公司持续做贡献。周董交待她做任何事，二话不说、不打折扣；没要她做的事，她也主动做。她对公司及恩人表现的忠诚度，是在当今社会上少见的，也非常让人羡慕他们这样的情谊。

第三个特质，是"听话照做"的态度。

有天分的人很多，但有天份又能听话的人很少，而她就是其中一个。只要是周大森董事长或许伯恺老师交待的事，她从不问理由、不解释，就是听话照做。

老师都是爱人才的，看到她在超越的舞台上，总是能接受挑战并且表现不俗，一直表现出生命的改变，因此她就获得许多机会。许老师把她当做重点培养的人才，让她有进入万人会场、站上重要舞台位置拿麦克风的机会。我们有目共睹，许老师花了许多的时间精力来专门培育她。而其他的弟子通常是企业界老板，不可能像她一样有这么多贴近老师身边的时间及机会，因此，在许老师的入门弟子中，石园园的付出多，但收获也最多。

第四个特质，就是她在舞台上的能量与毫无恐惧的状态。

演讲确实须要天分，不是每个人都有，而她又有学习快速的优势，因此她在公众演说这个领域里势必成为一个不可忽视的新人。

一个成长速度快、听话照做又感恩、做事靠谱负责任、让人敢托负重任的年轻人，任谁都会愿意培栽她！石园园这个小女生，改变了我们对 90 后的年轻人的概念。2016 年的今天，她才 23 岁，可说是前途无量！只要她保持这个状态，能把握被培养的机会及舞台，我们预期她有机会成为能够影响 90 后的一个年轻世代代表，成为新一代的超级演讲家。让我们拭目以待一位明日之星的冉冉升起吧。

陈霆远

超越极限集团 策略长

写于 2016 年 7 月 12 日

天降大任

认识到石园园，并非偶然，只是事先没有预见到我帮助一个年轻人，能有目前这么好的成绩。

第一次见到石园园，只看到一个来自农村、个子小小矮矮、什么都不懂的小孩子。1993 年出生的她没有报酬却非常辛苦地在餐馆的工作，再继续就学已不可能的现实状况之后，于是就问她要不要找个较好的工作……

小小年纪的石园园展现了令我讶异的上进心。

她矮小年轻、没有学历、没有经验并没有阻挡她成为一名优秀的美容师，她想拜我为师，想要进入我的公司进入更高的教育层次，这种无所畏惧的企图心让我开始关注到她的强烈上进心。

我考验她、要求她即便是个学徒也必须要三个月连续做业绩第一名才行，她竟然做到了，以 16 岁的年龄，我破格让她成为我公司的美容讲师。

而她也没有让我失望，在美容专业知识的课程上，勤做笔记，不断复习，克服她个人初中都没毕业的条件缺失，她的力求上进有目共睹，总以业绩挂帅，我想，既然她的格局不仅限于做个美容师与讲师，且以"收到钱"为特质，那就让她去市场打天下好了。

于是，这个初生之犊拉着行李箱，单身匹马拿着公司的货就去闯上海这个十里洋场大市场。当时，我没有给她任何支持，目的就是要测试她。

我是事后才知道，为了推广上海的市场她曾盘缠用尽、身无分文、无处可住，在 24 小时营业的麦当劳店里趴着睡了长达半个月。但经历过那么多的苦，她咬紧牙关都不开口向我求援

毅力及耐力最终换来了上海分公司负责人的位子，她用每一次的脚踏实地的行动向大家证明她个善于解决问题、凡事都勇于突破的人。并且，她第一年的业绩就做了几百万，帮我在上海的市场站稳了脚，果真是个穆桂英！

她是个行动派，当我计划要把"大爱堂"推广到世界的舞台上时，她就开始积极学英语，就是能做到"一个命令一个动作地"听话照做"，且能有出色的成果；

她具有销售的胆识及高成功率，有许多连我都想放弃的客户，她都有本事把约签到把钱收回；

她是一个可以临危受命、使命必达的战将。她的成功特质，第一就是不言苦、不抱怨、销售不达目的不罢休的毅力。

她是 90 后里面感恩与忠诚的代表，这是时下年轻人非常欠缺的，只要是我交待她的事情，只要我开口，从跨越城市远程去办活动、义务上台帮人做主持、花大钱去学习、处理客户的异议、完成别人难以成交的案子……不管多费劲，她都是不谈费用、自掏腰包买机票住旅馆、凡事不计报酬，一个命令一个动作去完成。

从事企业 25 年以来，认识了太多的求职就业的人，但少有她这么

懂得感恩、积极回报的人。我非常讶异、也非常钦佩她的这种状态，我必须说，在时下年轻人里，万里挑一用到她身上恰当好处、非常淋漓尽致！

　　我之所以长期愿意协助她、激励她、磨练她，逼她成长，就因为我对她的终极期许，就是要她成为一个超级演说家、励志演讲家、中国新一代具代表性的女性领导级人物。上天对她是有期许的，以她的贫乏艰难历程及背景，她若成功，势将激励万千物质精神条件处于弱势的孩子。而她自己的誓愿，就是要帮助失学的孩子，这样的目标，人人都乐观其成，人人都会共襄盛举！

周大森

【大爱堂集团】董事局主席

写于 2016 年 6 月 17 日

凡事都是上天赐给我的礼物
——成熟要趁早！

在 23 岁就写书，这是一个不寻常的动作，我并没有丰功伟业，也还没有成为亿万富翁，那么为什么会有动力、有勇气要写书呢？

世界上每件事都是有原因的，我会写这本书是源自两个极大的动力！

第一个，是人们对我的好奇及鼓励。

人们总问：为何你在 19 岁就能住进上海外滩的豪宅？

为何你不到 20 岁就能月入百万？

为何你这么小就这么懂事？

为何小小年纪就这么成熟？

……

在人们的眼中，我是一个身上有许多问号及疑团的人。

不是富二代、顺二代，没有学历、没有姿色、没有背景，无人看好、甚至曾被抛弃被嫌弃……没有错，换成是别人，我也会对这样的人充满好奇。

我开始自问，为什么这些事会发生在我身上呢？我怎么会如此幸运呢？

我想要知道我究竟为何要活着？身为一个养女，我曾经困惑、抱怨、痛苦、煎熬，当然也包括愤怒、怨恨、报复！我好学能学，但失学！世界竟待我如此？

我人生最低谷的时期是我的创业期，回头想想、那个时候真的很艰难，曾经居无定所，曾在上海睡麦当劳睡了 15 天。那个时候我只有十七岁，负债二十几万、没有一点自信和勇气、看不到任何的光明和希望，内心是绝望和崩溃的……甚至做好了自杀的准备，辗转了十几家药店，拼凑了将近 200 片安眠药为此做准备。

现在回顾、反省神奇的过去，明白了它们的意义为何。此时此刻，我心中充满着洞见与感恩，明白了"每一件事都是上天赐给我的礼物"的道理。

我明白是我的困境让我在很年轻的时候，就懂得学习的重要。我知道了这个世界上没有什么是理所当然的、没有什么是应该的，我珍惜且把握机会，因为曾经一无所有、所以倍加珍惜！

我学到了人生最重要的两个本领：销售与演讲。
若不是那些困难遭遇，就不会逼我，把这些事本领学得这么彻底而造福于我。

我的故事要告诉大家，要"微笑面对"困难，任何困难都会峰回路转，彩虹就在前面等着我们。

我要分享我的故事：往往黎明来临之前，总是漆黑一片……现在，我豁然开朗透视：凡事都是上天赐我的礼物，我开始学会满心欢喜地接受，我发现几乎每个困难都是上天在给我上一堂课！

我认为，透过我的小故事，将帮助到许多迷茫、不知如何对待逆境的朋友。我更想说的是：如果平凡的我、连初中都没毕业的我能，你也能！

凡事都是上天赐我们的礼物！

人生迟早要成熟，那么，成熟就要趁早！

我非常想告诉大家，我完成的"人生功课"有哪些？

因此，写这本的第二个动力就产生了。横看成岭侧成峰，当我改变了自己的想法后，一切遭遇都变得美好了。

梁凯恩老师对我说："你不只是一个懂得感恩的人，你是一个懂得报恩的人！"

许伯恺老师更说："如果上天在你21岁的时候就给予你这么多，那他一定是希望你做更多更多。"

能有贵人恩师如此器重我，我觉得我太幸运了。是他们开启了我，从一无所有开始迈向无所不有的人生……

因为有渴望，所以有态度，期望能站上国际舞台！我更是个想要帮助更多人的人，那是我人生的使命，因为我一路走来都是被别人帮助的，理应回馈社会、帮助更多人。

这本书，就是要带领大家跟着一个乡下小养女的成长，发现透过学习与感恩、世界的美好及富裕就在前面等着我们的道理。

亲，即便现在的人生有些不如意，过得也是有些辛苦，没关系，那都只是为了激发我们内在自己都不知道的潜能，目的是激励我们去创造一个更大的奇迹、一切都只是为了让我们的人生不至于那么平庸，都只是为了有一天我们能够成功与富足。而且它们都在教我们：要深深地珍惜来之不易的幸福、成功！！！

凡事都是为我们而发生，而不是发生在我们身上；

前者会让你接受、后者会让你抗拒；

你怎么看待与反应，就会带来对等的人生哦！

成熟要趁早，只要我们愿意接受与学习。

谢谢你的关注，感恩你的支持，我们彼此的人生会从此刻发生连接吗？如若你有一点点感触，那么就请把这本书带回家吧，也欢迎你走进改变我生命的课程，在那里我们正式启航……

石园园

写于 2016 年 6 月 20 日

作者公众号二维码

Contents
目 录

序言 知恩、感恩与报恩！ – 梁凯恩

超越老师的学生！ – 许伯恺

改变 90 后概念的一位明日之星 – 陈霆远

天降大任 – 周大森

凡事都是上天赐给我的礼物——成熟要趁早！ – 石园园

第 1 章 你不可以选择你的出生，但你可以选择出生之后的态度
养女生涯的生命礼物：早熟而学会"微笑面对"人生！ _001

第 2 章 成功来自——谁能帮我
看工厂小女工的逆袭成功 & 与恩师贵人周大森的奇缘 _041

第 3 章 压力 = 动力之上海迷航 &
一堂"公众演说"扭转人生！ _073

第 4 章 目标教练 & 拜师奇遇 _089

销售
创造奇迹

第 5 章 **向世界级大师学习** _111

第 6 章 **成功的 8 大关键** _161

第 7 章 **销售是通往梦想的唯一途径**
之奇迹销售的核心秘诀 _185

第 8 章 **重建亲情:**
爱的行动计划! _209

第 9 章 **小女工的电影情节:**
知恩、感恩,更要报恩! _221

第 10 章 **公益 & 慈善**
30 年里,帮助 33,333 个孩子的读书计划! _231

第一章
CHAPTER 1

你不可以选择你的出生，

但你可以选择出生之后的态度

养女生涯的生命礼物：

早熟而学会"微笑面对"人生！

□ 贫穷却充满慈爱的幸福童年

小时候，父母远在南方打工，8 岁之前我被寄养在姥姥家，现在回想起来那是幼童年代最幸福的美好时光。在姥姥身边的日子，过得很幸福，平静而温馨。虽然很贫穷，住的是土草房子，下雨还会漏水，但老人家总是那么慈爱，把我和舅舅家的一儿一女当成掌中宝。

姥姥也总是慈祥地摸着我的小脑袋告诉我说："你要和姥姥一起照顾好弟弟妹妹，你可是姐姐哦……"从小被姥姥教育，所以从小我就有责任感。姥爷、舅舅、舅妈都外出打工，只有姥姥照看我们，每次放学回家，姥姥就坐在大门口拿着针线缝缝补补等候着我们回来，我们三个大老远看到姥姥就开始喊：姥姥（奶奶），我们回来啦……然后开始做饭吃饭，每一天都过得无忧无虑，一家人还真是其乐融融呢！

姥姥身体不好，即便只有五六岁的我也要开始帮着姥姥干些力所能及的事情，那个时候我个头还不如土灶台高，要站在板凳上才能开门。进到猪圈帮姥姥喂猪总是被猪欺负，猪一下子就把我撞倒在猪圈里，然后猪在吃，我在哭！

姥姥把我从猪圈中救出来，满身都是猪粪，姥姥当然很生气，然后，那猪就没有了晚餐了……同时，弟弟妹妹会捂着鼻子来帮我洗澡。一边帮我洗，姥姥一边还会笑着安慰我说："从小臭，长大了就香啦，就是香饽饽！"然后我就对弟弟妹妹说："不许笑，长大了，我比你们都香……"想想真的是稚嫩却充满着童趣，每次回想起来都会嘴角上扬，心中满满是温暖！

我们每个人都经历过童年、童真、童趣，不管现在又或者未来的我们，将过着什么样的生活，会有多么精彩或忙碌，但那些美好的童年画面，总是深留脑海里，是永生难忘的。

一语小计：

我们每个人都经历过童年、童真、童趣，不管现在又或者未来的我们，将过着什么样的生活，会有多么精彩或忙碌，但那些美好的童年画面，总是深留脑海里，是永生难忘的。

偶尔静下心，回到原点，找到那个真善美的你，充满能量后再继续向前！

口 "树欲静而风不止，子欲养而亲不在"

在我 11 岁的时候，我的姥姥离开了人世。

她，是我最爱的人！那天，我哭得跟个泪人一样，我真是恨啊，恨自己没能快快长大，所以没有来得及报答她的养育之恩，就让她离我而去了。

"树欲静而风不止，子欲养而亲不在"，每次想起姥姥，每次想到没能孝养她，我就感到心痛。

后来，我就把对姥姥的感激之情与爱都用在了姥爷的身上。在姥爷在世的日子里，我经常看望姥爷，去关心他陪伴他，给姥爷寄钱买吃的穿的，为姥爷做着所能做的一切。现在回想起来，自己做的还远远不够，常常自责没有做得更好。我常想，若他们老人们还在该多好？他们辛苦一辈子了，早应该带他们出来走走，看看这个美妙的世界，感受一下祖国的大好河山。

因为在姥姥身边生活的日子，相依为命的感觉很幸福，所以我一直特别喜欢老人和小孩，就因为他们让我感受到无私的爱、温暖和幸福。

一语小计：

天下唯独两件事不能等，一是善、二是孝！

不要等到有钱了再去行善，有那份心和行动最为重要；

不要等到有时间了再去孝顺父母，岁月无情啊，长陪伴父母家人，最终比事业更重要、不然，你真的会、来 不 及……

口 "匮乏" = "满足"！

清楚记得那是我 9 岁的时候，外出打工的爸爸妈妈回乡了。因此我告别了姥姥，开始回到父母家生活。从此，开始了五味杂陈的日子……那段成长期，我最大的困惑，就是为何我是个没被宠爱的独生女儿？我的故乡是安徽阜阳，排行老四，上面有三个哥哥。上面三个哥哥分别是 1981，1982 和 1988 年的，大哥整整大我一轮，家中我是唯一的一个女儿。听到我的家庭状况，每个人都会艳羡地这么说："啊，那你一定是家里的天之娇女，大家都对你宠爱有加，对吧？"不对！恰好相反，我不但没有成为被宠爱的小妹妹，反而是在艰苦干活的过程中长大。我的父亲曾为军人，非常严厉，个性强悍让我害怕，看到他我大气都不敢出；由于重男轻女的思想，在母亲身上，我也丝毫感受不到母爱……

虽在农村，但家中条件并不是非常差，在我成长的岁月里，整个中国的经济已不差，我的家庭并非一穷二白，可我为何成长得如此艰苦辛酸？在我的童年记忆里，就是没法吃得好穿得好。记得，我大哥结婚那天，我可开心了，因为可以吃糖了呀、嘿嘿。可是我没有衣服可以穿，因为我那仅有的几件衣服都太旧太破太脏了，如果我就这么穿着参加喜宴，说真的，会破坏喜庆场合的。到今天我都清清楚楚地记得，那天我婶婶把她大女儿的一件上衣、小女儿的一条裤子让我穿上了。都是红色的，挺喜庆的！虽然一身穿的都是别人的旧衣服，但也很开心，因为至少是干净的、不破的呀。就这样，哥哥结婚那天，我穿着一身红穿梭在贺客人群中，心中还想着"如果能当花童那该多好呢"，那是我人生最快乐的一天之一！而且，后来婶婶就把这两件衣服送给了我，这让我更是充满着感谢……因为体会过匮乏，我对得到总是心中充满感谢。现在的我，总是很容易满足和乐观，或许就是因为那个时候种下了"容易满足"的这颗种子吧？

　一语小计：

生活不会无缘让你遭罪

生命不会无故让你受伤

口 小时候、小时候……

小时候过的特别的辛苦，不是因为家里穷，而是感觉自己受到了歧视。

和姥姥一起生活本来就学会了做很多家务事，但在父母家中，大量做家事都是理所当的事。做家事不说外，甚至还要我做一些我做不到的事情，且做不好就会遭到打骂。记得 11 岁那年，有一次要我挑玉米梗子回来当柴火烧，但是装梗子的两个大篮子的高度就已经到我的肩部了。还要我一次挑两个篮子回来？我只好用拖的。但是在地上边拖边走，最后梗子丢了一半。回到家后当然就被骂，当时我很不开心，就回嘴了。我心中感到不平：我哥他们都那么大了，他们都在家，为什么不让他们做，偏偏让我做？我的作业到现在还没有写呢，我也不想把梗子撒一地啊！我都挑了半个小时了，我又容易吗？个子不够高，怎能怪我？平时遇到这种情形，我都是低头压抑着，但不知那天怎么了，就爆发了。接下来，我就被妈妈狠狠打了一顿，现在脸上还有小小的伤痕。小时候我想不通为什么对哥哥和我有这么大的差别，直到后来长大后我才知道，这就是所谓的"重男轻女"。

一语小计：

老天真是用心良苦啊

为了让这个世界丰富多彩、包罗万象

真是好的、不好的都是应该的！

口 我曾有离家出走的壮举，你呢？

为了玉米梗子的事挨完打后，我把墙上所有奖状全撕了，我告诉自己："这样的家庭里不配有我这样的优等生！"也不知从那里来的勇气，当天晚上，帮家里做好饭之后，在他们边吃饭边看电视的时候，我离家逃跑了。

一路上也不知跑了多远，完全没有目标与方向，只想离开家。只感觉跑得好远好远之后，终于到了一家饭店。我上门求收留，我跟老板说："我给你刷盘洗碗，只要你能收留我就行。"后来老板同意了，说："好，但你得告诉我你们家的电话号码，因为要做记录。"其实他是怕我再跑，但我信以为真，所以就告诉了他号码。结果这个老板立即通知了我的家人，并让家里人来接我。

第二天我爸就来接我了，回去的路上什么话都没说，我还以为没事了。但回家的当天晚上，我都已经睡了，却被叫了起来。接着我爸用拳头粗细的扁担打我，打了足足半个小时。我从床的这一头，被打到床的那一头，身上青一块紫一块的。但任我怎么哭喊与哀求，爸爸都不停手……那一夜，我觉得一分一秒都犹如身处地狱！而我妈妈却靠在门边看着这个场面，当时，我多想她能够为我拦一下，或是求个情也好啊！

现在每次回想起那个画面，都会感慨、恐惧与充满恨意。离家出走的惩罚终生难忘，但当时年幼的我，只能接受，不然又能怎样呢？

一语小计：

梦想很丰满，现实很骨感

不是你不敢，是你需磨练

口 像个鬼一样地偷看电视

我们家是三间瓦房联排在一起，右边是东屋，中间一间是堂屋，左边是西屋，也就是爸爸妈妈的房间，里面放着我们家的电视。

但我从来不敢看电视，也没时间看。爸爸妈妈和哥哥嫂子常在房间里边看电视边吃饭，而我却不可以看，因为他们嫌我脏。所以我只能一面端着碗，一面偷偷地躲在堂屋靠近西屋的角落里，偷着一点点小空隙看西屋里的电视屏幕。既然是偷看，所以不敢开堂屋的灯，怕被骂"一个人开什么灯啊"。结果每当他们有人吃完饭走出来的时候，看到我蹲在墙角，还是会骂我："看什么看！有什么好看的？你看看你，像个鬼一样蹲在那！"

听到这句话，我的眼圈里闪着泪花、口里嚼到一半的饭硬如石头一样，让我怎么也咽不下去。那一刻，年幼的我告诉自己："有什么了不起，等我长大了，我要看比你们大十倍、几十倍的电视，就不给你们看……"

所以现在我的家里，电视将近 60 寸，而且每个房间都会有电视，我走到哪里都会带着 iPad、电脑和两个手机，因为，现在的我，只要是一个人时，都会边吃饭边看视频。或许就是因为那是我从小所向往的吧……想想这种性格与习惯何来？就因为偷看电视的经历。每个人的童年环境有好的，也有不好的。因此我们不得不说，一个孩子从小生长的环境，会影响一个人后来的生活及个性，且会影响很久很久。由于从小经常莫名其妙的被打，所以现在只要有不熟悉的人靠近我，我就浑身不自在，只要有人碰我摸我，我就整个人感觉都不好了，有时会根本不受控制地反弹出去，甚至跳起来……

一路走来，我深深地感受到一个健全的家庭、一个健康的环境真的很重要！

一语小计：

对每个人后来的人生而言，从小的环境不管是好是坏，都有着莫大的影响。

若是你遇到一个怪咖，先给予理解，或许他本心不像表达的那样不应景。

口 这些事情教会我：谨小慎微、谨言慎行

每天晚上，我都有固定的工作要做，那就是要帮爸爸去买烟。但杂货店在另外一个村子里，我必须要拿着手电筒一个人走在黑黑的路上。走着走着，我的手很自然地前后晃动，当然手上拿着的手电筒也跟着晃动。夜里的路上有时候只有我一个人，有时是为了壮胆、有时候是为好玩，手的摆动和手电筒的晃动角度比较大，有时晃着晃着，手电筒的光线就照到了天上去了。就这样，家人知道了后，在我回来时就逮着我责备我："拿着手电筒，要照路就好好照路，照天上干什么？难道你要上天吗？干个活都不老实！"

我不明白，到底我错在那里？晃个手电筒也不行？年纪小小的我，困惑中已有了无语问苍天的心境："为什么要这么地对我苛责呢？"但我总是忍着，我的态度是不懂、不问、不说，因为，年纪小小的我早就知道，世界上有许多事都是无解的……

生活中有很多这样的事情发生，很自然地造成了我内心的抑郁，但对我后来的人生却有很大的帮助。什么样的帮助呢？那就是，我从小就养成了做事情要谨小慎微、谨言慎行的习惯。因为怕挨打呀、一旦做事，任何时候都很认真、尽力做到最好，嘿嘿。更神奇的是我养成了一种习惯：让我做，我就去做！不问对错、不问为什么，也不管有没有能力做。

这种"简单听话照做、死不了就行"的信念及习惯，对我后来的人生真的影响很大。当时真的是不理解父母，现在回想起来真的很感谢他们不一样的教育方式，因为阴差阳错地造就了我精彩的一生。

现在我的恩师、贵人们说的最多的，就是我有这种"听话照做"的态度，而这正是他们最喜欢的特质。

一语小计：

人生不是得到就是学到

学会两大功课：接受和思考

口你知道你拥有选择权吗？ "傻人有傻福"！

为什么大部份的人都抱怨得不到他们想要的帮助？

他们被帮助的机率比较低的原因是，这种人太聪明了，聪明到有太多的思想限制、太多的"为什么、为什么、为什么"，仿佛只有知道答案时才会去做。假如这个结果不是他们想要的，那他们就不会去做，或者是，就算做也只是选择生地去做。结果，最终通常没有什么好结果。

在对比之下，我就显得比较傻了。一开始，我身边的人总会嘲笑我："你看，这个傻帽，什么都不懂就敢干，被人利用了都还不知道呢……"就这样，在他们的嘲笑下，我这个人还真是"傻人有傻福"呢，从"员工"傻到了"老板"，从"台下"傻到了"台上"，从"学生"傻到了"老师"，从"平庸者"傻到了"奇迹创造者"，从"一无所有"傻到了即将"无所不有"，从"没人看得起"傻到了被称为偶像、女神"……我的师父让我上"、我的老板让我冲"，我就开始了行动，我就义无反顾地"上"与"冲"。不管当时的我有没有条件我都"上"或"冲"，不会想太多。即使我没有条件，创造条件也要上！

因为，我懂得珍惜，我曾经一无所有，现在生命里好不容易有贵人的出现，我得让贵人满意呀！不然贵人就消失啦！我没有好的家底、背景、经验、学历……剩下的也只有态度啦，我要用我唯一可以付出的东西去创造我想要的人生！

就这样，在恩师贵人的扶持帮助下，我的人生开始蜕变……

一语小计：

大智若愚的人生很干净很简单，可以让你少份纠结、多份结果。

□ 资优生从小就学会的"兼顾本领"

从小学会如何兼顾的本领，都要感谢我有这样的童年。从小，我得一边干农活，一边做家事，一边读书。

小小的心灵，也曾困惑：我成绩优异，但家人为何视若无睹？为什么？我曾有太多的困惑，但是很快地就明白了：我的人生，不要问理由，因为得不到答案；没有理由，因为问了也没有用……我更不敢想，如果我是生在别人家，我的品学兼优，将会得到什么样的赞美与奖励？我，想都不曾想过，因为，太遥远了，太不现实了。

我一直是老师看好的学生，当时成绩好的都会编在"一班"。我既然编在"一班"，所以作业就不同，因为优质班会有许多额外的功课。付出够多，结果才有可能更好呀。而邻居小孩多半都在"差班"，他们的功课少，也可写可不写，而我必须写的作业就会比他们多，但父母不懂得这种差别，因此我得不到谅解反而还被责备。有时候我在白天赶着写作业，妈妈就会来到我的面前说："写什么写？别人都不用写，就你要写，想要偷懒不干活？赶快给我干活去！"

　　我当时真是百口莫辩，可父母就是偏执地认为我是在偷懒。好吧，我想既然白天不能写，那就晚上写呗，所以一回到家我就手脚麻利地做完所有的活，想在晚上来写完功课。但是晚上写作业的时候，门被踹开，爸爸骂我说："写写写，哪那么多作业？浪费电！我赚钱容易吗？赶快给我关了！"

　　我心里真的很苦，苦到说不出，也不知能向谁说。我曾这么想："如果我生长在别人的家庭该多好呀？我会被重视、会被培养，甚至有可能上补习班，怎么会像现在这样地无助，连写作业都不被允许被支持呢？"我心里气呀，心里真的曾生气地想："这个家庭今后再也不会有爱学习的孩子出现了，因为就算出现了你们也看不懂，也不爱惜……"

　　我的家人就只能是这样对我，因此从小到大，外表安静的我其实内心的活动是非常活络的，我常独自一个人在一个角落在内心上演着对话的舞台……为什么？因为没人可以说啊！只能自己在心里跟自己讲一讲。

　　每天晚上，带着疲惫的身体、激荡的脑力，对着天花板，脑海里反覆着许多自我对话，或是自我安慰。经常是在这种自我对话中，讲着讲着、想着想着就睡着了。回想起，在我的小时候有三四年的生活里，都是这样的节奏。

　　一语小计：

　　　　勇于面对一切，因为这只是生活一个的过程

　　　　每个时间段、每个人都有或多或少的挑战，学会疗伤自愈！

口 自我训练："时间管理"与"坚持的力量"

白天我得干农活，中午要赶回家洗菜烧饭，这样何时可写作业……晚上在家写又不敢点灯怕浪费电，怎么办？作业不能够在家写？我得自己想办法，我还有什么时候是有时间的呢？对，我想到了：每节课下课后有十几分钟可以写！所以下课时同学们都去玩，我却埋头写作业；我还有什么时间可写？我又想到了：还有每天的清晨啊！所以在天微微亮的清晨、大人们还没有起床之前我就起床了，我偷偷的装一斤小麦拿到便利店去换一袋方便面，吃完接着赶到学校，通常这时候刚好天亮了，这样进到空荡荡的教室时，我又争取了差不多一个小时的时间写作业了。不过有的时候去早了，学校都还没有开门呢，这时候我就会坐在学校门口的地上写作业，这让经过的路人都觉得很奇怪。但如今回想起来，最奇怪的事是：当时的我这么地起早贪黑的赶作业，却一点也不觉得苦，反而觉得很充实，还小有成就感呢？同时，现在的我也明白了，其实在那个生活困难的农村里，在家人的眼中分数又不能当饭吃，何况我又是个女娃，家人怎么会去重视我的学业成绩呢？

现在我非常感恩，今天我解决问题的能力，就是从那个时候开始锻炼了。我无师自通，懂得了"时间管理"，因为我早就知道：只要有心，看似再难的事情也总有解决的办法。我感谢这样的经历，为我的人生打下了扎实的基础。要做自己想做的事情？就要想尽一切办法努力去做到。在干活与学业之间奔波，我学会了兼顾与坚持，小小年纪的我做到了！那个年纪的我不知道什么叫"坚持"，但我发挥了"坚持的力量"！

一语小计：

只要你有心、方法总比困难多、坚持到底就是胜利。

口 由拦车学到无所惧的销售勇气

想要有更多的时间做功课，我又想到了，每天由家里到学校的路上的时间，如果能有一辆脚踏车该多好？那就能再省下一些时间，我就能在煮好饭后再写点作业。当时在两地之间奔波，所以我曾经梦想：若能有一台脚踏车就好了，就能节省出一点时间。

想有一台脚踏车，旧的也行，再破都好，但我鼓起勇气向家开口一次，马上就被骂了："长脚干嘛的？有本事，比谁会干活！"但我真的时间很赶，那怎么办？我的解决方法，就在半路上拦车，不管认识或不认识的人，我都会央求骑脚踏车的人带我一程，即使只能带我一小段路也行。

只要当天能搭到便车，遇到好心人带我一程，这一天我就好像中了奖般地高兴，因为这样我赶回家后，弄菜、煮饭、吃饭、再把大家的碗洗好，就多少能省出点时间来写作业了。在干活与学业之间奔波，每天这样有如作战般地紧张过日子，我的童年，就这样过去了。

这样的经历，练就我今天无所惧的与人沟通的销售能力，当一般业务新手还在羞涩于向人开口时，我勇往直前，直接向我锁定的目标进行销售，不管是认识或不认识的，就像当年我在路上拦车一样。我学会了无所惧的与人沟通的销售能力，全拜这一段经历所赐。

一语小计：

目标锁定、方法出现、超乎想象。

口 "老师，对不起、我很抱歉！"

我总是考前三名，但从没得到赞美及奖励。但这不是让我最痛苦的，最痛苦的是常常交不了学费。

我在学校里身为班长、语文课代表，但也常是班上唯一欠学费的人。班上只要有人没交钱，老师就会在班级会议上被校长点名而被骂。每当老师在班上催我交学费时，全班同学的注意力都会集中在我的身上，我就恨不得找个地洞钻下去。

我感觉是我拖了班级的后腿，我觉得我是个罪人。因为，老师对我是这么好，我很抱歉这样惹老师不开心。我见到老师时，无言的我心中却是满满的歉意，心中无声的话语是："老师，对不起！这都是因为我的错，都是我的错⋯⋯"经常整个学期都拖着不给学费，直到快放假时才交，这让我整个学期都在班上抬不起头来。

记得有一次，学费到学期快结束时都还交不上，让我焦急无助。每次回来家跟爸爸妈妈要学费的时候都会被骂，而且骂了之后，还是不给。开口被骂回来后，还不敢当着他们的面哭，因为这样还会被打。

因此，每次的流泪都在转身之后、都在厕所里，还不敢哭出声，真有种"走投无路"的感觉。经历过这些事情的我，只有一个愿望，那就是："我好想离开这个家，真的很讨厌这个鬼地方，若有一天能出去了，我就再也不回来了！"这个誓言让我走出社会后前五年都不曾回家过过年⋯⋯

我心中一直有个声音：我要上学！我要交学费！但妈妈不给我钱让我交学费，也没钱给我买学习用品，可是我就是爱上学啊！那怎么办呢？"穷则变，变则通"，我曾看到街上有些老人捡了瓶子罐子去垃圾站换钱，我想，我也可以啊。所以，从小我就研究哪里会有人们丢掉的瓶子，我就去哪里捡！因为一个瓶子可以换到 1 毛或 8 分钱，这些钱累积起来，我就有了学习用品啦。想到捡破烂可以解决我的本子和笔的费用，心里就感到踏实，所以一下课就赶紧做完作业，写完后就把书本放在课桌的抽屉里，带着空的书包去垃圾堆里捡瓶罐。一天收集下来能卖个三、五元，买学习用品的钱就有着落了。

因此我的身上总是脏脏的臭臭的，我周边的每个人都知道我在捡瓶子，总是很自然地与我保持距离，他们会假装没看见我捡破烂，但他们的眼神让我知道其实有些人是对我嫌弃的，但这不影响我继续捡破烂，因为别人看不起的这些瓶瓶罐罐都是我的宝贝，因为它们帮助了我的继续求学。在街上捡饮料瓶子来赚钱买学习用品，寒暑假去打工能筹到学费，自己负责找到学费就不用向家里开口，这样就解决了我的问题。

一语小计：
你想要的一切都在你的体内，你需要去开启它，困难只是给了你一个机会！

口 一心求上进：穷人的孩子早当家！

在别人的眼中，我是个又脏又臭的捡破烂小孩，家人也可能会觉得我是家庭之耻，但我克服了心中曾经有过的自卑感，"穷人的孩子早当家"，我早早就自动学会了为自己的梦想不计一切代价去奋斗的本领了。没有面子？没关系；脏一点累一点？也没关系，只要能够继续读书就行了。能筹到学费，又脏又臭又如何？只要人格不脏不臭就好。我认为我的作为是高尚的。老师不是说了吗？一个人的品德才是最重要的，我努力求学、要向上向前，这不丢人啊！等我长大以后才明白，为什么小学 5 年级开始，家里就有不让我继续读书的意思？很简单啊，我的两个大哥哥早就没继续读书，都已经到南方打工了；比我没大几岁的小哥也不爱读书，所以很快也不读书了。哥哥们都是很早就外出去打工，所以，虽然我的成绩好，虽然我很想读，那有什么用呢？哥哥们都不读了，我这个女孩凭什么读呢？后来我才明白，家里不给我交学费，不给我买学习用品费，其实就是要逼我辍学。偏偏我一个女孩坚持要读，不甘心辍学、一心求上进的我，当然得要自己解决问题啊，而我也做到了。

一语小计：

这是我的人生，我需要学会为自己的人生买单！

口 真相

10 岁的一天，我做活没做好，母亲就一面责打着我一面骂着："家鸡打得团团转，野鸡不打满天飞"……

这句话，年幼的我完全不明白是什么意思，但我直觉话中有话，我想知道它是什么意思？我就去问了哥哥嫂嫂，这才知道，原来，我是被领养的！原来我不是他们亲生的，我是被我的亲生父母放弃的一个孩子……我是个被领养的、没人要的小孩。

知道了这个真相，当下，我有没

有伤心呢？没有，我没有伤心，因为，长期活在苦得"没理由"的日子里，我已经习惯了"重男轻女"的命运，我年纪虽小但早已接受命运，知道我是养女这件事只会让我更加认命而已。过去种种莫名其妙受的委屈此时都有了答案，知道原因以后当下我心中在想什么？只有这一句问话，我想问养父母："为何你们要收留我？为何收留了我不好好待我？你们还不如当年把我丢到水里淹死算了！那我就不用遭这么多罪、受这么多苦啦……"但这句话始终没敢说出口，因为我知道我没资格问，我更没胆量问。真相大白了，难怪过去我心里一直在困惑：我为什么无论怎么做都不能得到善待及好脸色呢？答案就是，原来我是个重男轻女社会里的小养女啊。

还有，我是否会立即想要去找亲生父母呢？我完全没有这个念头，因为，他们既然如此狠心把我送人，对这么狠心绝情的人我又怎会有期望呢？我还想到：或许他们早已将我忘记，甚至根本就不记得曾经有个一出生后就把她抛弃了的女儿……童年的我毕竟还太小，不会想到的是，把自己的亲生孩子送走的人，一定有其不得已的苦衷。只是这门功课太艰深了，没有足够的岁月磨练，以一个孩童是很难明白其中的道理的。后来是贵人老板周大森董事长以及师父许伯恺老师给予我的开导及指引，我才逐渐懂得了这些道理，我后来才能与养父母及亲生家庭开始缓解关系，并且开始找回了爱的感觉……当我读到许多有成就的人的童年经历，比如苹果的乔布斯也是养子，美国总统奥巴马和安东尼罗宾都是离婚家庭的单亲孩子，仔细想想，我的遭遇，或许就是我成功的前奏呢？哈哈，我还是挺会安慰自己的！

一语小计：
凡事发生必有其原因、必有助于我成长，太需要感谢感恩了！

口 我的 8 个兄弟姐妹！

我不知道亲生父母叫什么名字，也一点都不想找他们，但是后来还是见了面。

据说，我是出生 2 个月时被送到已有 3 个儿子的养母家，接着在我还没记事的 3 岁时被留在外婆家。后来还知道，在我的原生家庭里，也有 5 个小孩，也就是说我总共有 8 个兄弟姐妹！我和亲生的 5 个手足没有机会在一起长大，而养父母家的哥哥们都比我大很多，所以这一生没有得到我渴望能够得到的手足之爱。但庆幸的是，我在婶婶家感受到了这种爱。养父有三兄弟，他的哥哥小孩都很优秀，一个念了大学、一个经商；他的弟弟的环境没那么好，但他们都让孩子读书。叔叔一辈子穷但不让孩子苦，婶婶人很好，因为身体状况从来没出门过。我知道善良的叔叔婶婶若有能力会帮我，但他们心有余而力不足。他们因为自己穷，也曾把第三个孩子送出去，但不是送出去就不管不认，他们会时不时去领养家庭看看那孩子是否过得好。

一样是养女，婶婶的孩子即使被送出去还被关怀，我们的命运是如此不同啊。婶婶这么有爱心，让我也曾想到若我的亲生父母来看看我会多好？我对叔叔婶婶的爱非常地感动，所以我很愿意帮婶婶家做事情打下手……人间其实处处有温情，这种温情若在艰难的夹缝中乍现，就更值得珍惜。

一语小计：

一切都是对比出来的！

口 感谢班主任陈老师雨中饭菜的恩情

在我的成长期里，和我关系最好的就是老师们。

小学一到四年级，我都是全校名列前茅的学生。即使在小学五年级就开始打工，没办法全力读书，但也总是前十名。

我在学校算是个风云人物，教过我的老师至今都记得我。小时的我胆子大、成绩好又活跃，老师即使知道我在捡破烂也都不会看不起我。在学校的风光及光环，与在家里的灰暗及苦楚，形同天堂与地狱之别。

回想起来，人生路上对我好的，是老师。犹记这个场景：放学时下了大雨，一般的孩子若没有父母来接，就会去躲雨不回家，而他们身上总有父母事先给的钱，能在外面吃点东西。而我是不会有人来接、身上也不会有钱的。有一次，班主任陈老师在校门口看到面对大雨孤零零呆呆站着的我，问我为什么不走，知道我的处境后，每逢下课时下雨，老师就会故意来到校门口，拉着我去他家吃饭……到老师家和他的家人像家人般一起吃饭，我往往含着眼泪低头把饭菜扒到嘴里，因为不想让老师看到我感动的泪水。想到这一幕，我心中发誓，将来一定要做个有出息的人，好回报老师的饭食之恩。

今日的我，总是得到"懂事""感恩"的美誉，这都要感谢过去曾给我点滴之恩的人，教会了我这个做人的道理：任何人给我的任何帮助或关怀，我都要珍惜与感恩。我这么渺小，所以我是真心感谢他们对我的付出，那怕只是小小的动作及简单的话语，对渴求关爱的我，都是沙漠中的甘霖。

小小的帮助及关怀都曾给我莫大的力量！我感谢与感激。

一语小计：

恩师如同润雨、如同阳光，给予我们滋养和阳光，勿忘师恩！

口 你知道你的生日吗？

虽然我已经知道我是个养女，我的妈妈不是我的亲妈，但毕竟这就是我的家，我无处可去，我还是渴望我能像个家人一样被接纳。我是这么地想过生日，但家里没人给我过过生日。

从小，一听到同学某某在过生日，我就好羡慕！既然我从来没有过过生日，我一直好奇，我的生日到底是哪一天呢？那时，我还没有身份证，无从知道生日是哪天。曾开口问妈妈，但得到的是白眼："你问这个干嘛？"小小年纪的我无法理解为什么不告诉我？总之，我一直没能知道我的生日是哪一天，但想知道生日日期及也想庆祝生日的心，一直没淡化过。想象着，若有人为我庆祝生日，那就太幸福了，我渴望能像别人一样，能够有家人、同学围着一起陪我吃生日蛋糕、吹蜡烛！我的梦里，常有这样的梦境出现。在这种梦里，我是多么地快乐呀，我和大家一起唱歌、吃甜甜的蛋糕……每当在这样的梦中醒过来时，往往眼中都是分不清是欢乐的眼泪，还是失望的泪水……

永生难忘，16块钱的蛋糕为母亲庆生！我想过生日的心，越来越炽烈了。就在我强烈的期盼中，品德课上赵老师讲了一句"你想别人怎么对你，你就怎么对别人"，哇，如雷贯耳，直接打中了我的心。我心想，对呀！我想妈妈为我过生日，我就该先为妈妈过生日呀！想到这句话后，我立即采取行动。我知道 8 月 16 日中秋节的后一天，就是妈妈的生日。我就开始我的"伟大计划"，前后总共准备了一个半月，这 40 多天的时间里，我拼命捡瓶子换钱，总共换到了 16 块 5 毛钱。这段日子里，经过蛋糕店时总是会进去看蛋糕，哇，五花十色的蛋糕让我好难选择，这个看起来好好吃，那个也不错！等到日子快到了，我终于下定决心，我要送给妈妈的是一个 15 寸的蛋糕，我到今天都还记得它是黄色的，因为妈妈属虎，我特地让蛋糕店做了一个虎头图案在上面，还加铺一层水果浆。

妈妈生日当天，我小心翼翼把积攒多时的钱掏出来。16 块钱，对我而言是当时我人生最大的一笔金钱，我开心地买了这个蛋糕，剩下的 5 毛我买了一支雪糕奖励一下自己。拎着蛋糕回家的路上，我快乐得觉的自己好像飘了起来，且脑中不断地想象各种画面，心想妈妈该会多高兴呀！更重要的是，"你想别人怎么对你，你就怎么对别人呀"，既然我为她过生日，妈妈过了生日后，接下来就一定会轮到我咯，她就应该会帮我过生日了的。这样，我就能知道我到底是哪一天出生的啦，我就会知道自己的生日日期了……

越想越高兴，步伐就越轻快，我开心地在心中唱着歌回到家，满脸笑容与期待地把这个蛋糕当做一盒金银珠宝般地送到妈妈面前。但是，戏剧性的事情发生了，妈妈当场竟然没一点笑容，而是骂我浪费钱，说："为什么不把钱给我？买盐都可以吃好几个月呢……"当下我的失望与错愕无法形容，啊，怎么会和我期望的差这么多呢？妈妈把我骂完我之后，我们才开始打开盒子拿来刀子，切了开始吃蛋糕。我强忍着眼里的泪水，巨大的失望袭卷着我整个心灵。吞下蛋糕时，感觉蛋糕没有一点味道，我竟然毫无味觉了。事后，我告诉自己，自己想办法化解这份尴尬与失落："啊，是我想太多了，本来就不该希望妈妈会有多高兴的。"

一语小计：

有时候学会自我安慰很重要！至少不会让心情变的更糟糕！

口 等不到的生日：学会"微笑面对"一切！

无论如何，我总是尽了孝心，帮妈妈过了一个有生日蛋糕的生日啊！所以我还是不死心的是：我还是很期待、很耐心地等待着、等待着、想象着妈妈会"投桃报李"、"礼尚往来"，肯定也帮我过生日的。至少，到了我的生日那天，她会煮个鸡蛋给我庆生吧？我想她一定会被我的孝心感动。所以，就从那天开始，我天天都在想象着妈妈为我过生日的画面。于是，我每天都在等，在等待中猜着"会不会是今天？今天会不会就是我的生日？我会不会到家时有个蛋糕在等着我……"我等着，一天、一周、一个月、两个月、八个月……直等到十二个月之后，等到了第二年她又过生日的日子到了，我这才知道自己白白等了一整年。在这一年中我天天都在等，但此时没有发生我期待的事，这代表了什么？这代表她根本就没把这件事放在心上，而我期待了一年想知道自己的生日是哪天的事，我还是得不到答案。

前一年我12岁，我花了捡破烂攒到的16块钱为妈妈买蛋糕，只为了想过一次生日！但我花了一年的时间等待，等到13岁时，终于等到一个无言的结果……这个经历，让我早早学会了"若要付出，就不要附带期望回馈"，因为失望总是因为希望而来。

接受一切，是最该做的事，不管事情是怎样，我们都要当成礼物一样的去接受，否则还能做什么呢？我曾经的 QQ 名字就是"微笑面对"，其实那是我人生真实的写照。现在我也明白了，农村家庭的老人家，对"生日蛋糕"的看待，和我这个孩子怎么会一样？"浪费"的概念大于我潜在的渴望，养母又怎会知道呢？是我单方面的想法，造成我的等待。我只能"微笑面对"这样的结果。

一语小计：
期待是个喜忧搀半的事情，还需有颗平常心

口 "被许多大方块包围"的困兽噩梦

我曾是个"被许多大方块包围"的困兽，怎么说呢？这是因为，在我的成长期里，夜里经常出现的这个梦境：外面有很多大的方块堵在门口，我在小小的门里缩成一团，就像一只不知所措的困兽一样。

想出、出不去，有的时候我又出现在门外，背后还是一大堆方块，我想进却进不去……这个梦境通常一个月至少会出现三到五次，我一直不清楚为何老是出现这种图腾？我没有答案……一直以来，我找不到答案的事还有许多：我不明白为什么家里不让我读书？我不明白为什么吃饭时不让我上桌？我不明白为什么电视机在妈妈房内，他们都在看，就是不给我看？人生有太多的没有答案与不可知，我虽然要的不多，但即使如此，也得不到我想要的东西、等不到我想要答案。那些年，我等得太久了，我感到太失望了，但因为年纪小及没有人开导，心中太多的痛苦与疑问无人可问，只能把所有的问题都吞下去而让心中石头垒压得我越来越抑郁与沉重。对，这种感觉就像梦里的那只困兽，它想挣脱但脱离不了铺天盖地的重负。

我累了……期待、失望、奔波、兼顾、干活、害怕失学……我实在是太苦太累了。结果，我心中做一个决定，如今想来觉得可笑，但当时是非常认真的一个想法：我决定了，在20岁生日的那天，我会去自杀，结束自己坎坷辛苦的人生。而在此之前，我，活着，就是了。我无力解决自己遭受的磨难，就退缩为以解脱为解决之道，决定在20岁时自杀……

当年的我，不明白人人都有其为难之处，不明白农村人的思维限制。所以那时有一个天真的想法：20岁时自杀！现在的我明白，每个人的人生，由童年到老去，一路上必定有困境，我会想到那么不合理的傻事，是因为我身边没有开导我的人。因此，我深深感到人生的路上，若有感怀自己的人、能给自己意见的人、能做自己思想导师的人是多么的重要。我的成长过程真正的问题不是艰苦，而是农村里人人没有这样的导师。这就是日后的我立志要成为用演讲来帮助别人，成为别人导师的人的深远动力。

> 一语小计：
>
> 不要限在当下的环境里把自己逼个半死，有时候不是没有答案，只是时间还未到，不妨等等看！

□ 13岁遇到了人生第三大难题：学费

捡瓶子的钱只够买学习用品，没钱交学费，怎么办？为了不让交不出学费这样的事情再发生，为了不要被迫停学，13岁时我就在暑假时找地方打工。打工阶段，我曾经做过很多份工作，除了本来就在捡废品外，还做过保洁员、保姆，最多的是到餐厅当洗碗工……我不计较工作性质，只要能攒钱，一切只为能够继续读书。但我只有13岁，基本上是没有人愿意用我。所以我告诉店老板，我不要400元的标准工资，只要他用我，我只要185元。为什么我只要185元，因为我一学期的学费就是185元！我向老板保证，我虽年纪小个头也小，但绝不比别人少干活。结果，终于有一家早餐店愿意用185元雇佣我。我努力工作，虽然上班时间是6点，但每天清晨3点半我就自觉跟着老板起床和面包包子，我勤快干活而不懂得累。别人会觉得这样很苦，但我一点也不觉得，我感谢老板愿意用我、帮我。而且在店里我有生以来第一次得到赞美与鼓励，这是在家里没感受到的事。因此我很愿意为这位老板卖命，我天天起早做到晚，一点儿也不觉得累，反而很高兴！寒暑假一到，我就四处打工，不管是40度的暑天还是零下10度的雪天，即使手脚被冻烂我都撑了过来了。

边战边走，蜡烛两头燃烧。我兼顾了上学、家务活及赚钱。而且我自感欣慰，因为即使是这样，我的成绩一直不错、都名列前茅呢！只有英语差一点，因为我没钱买卡带，没办法听语音学英文。但是到了初二上半年，我就感到实在撑不下去了，眼看着还是会读不下去了。因为，快要升初三，就要准备中考了，我不但没有时间准备考试，更没钱买参考书。更何况，上初中学费更多，显然我无法继续升学，我自知我撑不下去了。

这是多么地痛苦与不舍啊？因为我真的很想、很想、很想读书。

我爱读书，可是学费、功课越来越多，我上不起学了，我告诉自己："石园园，你真的无法读下去了。"迫于现实，我终于面对了这让我痛彻心扉的事实，我的心在淌血，但故意在表面上表现得很淡然，因为我知道我没有求助及诉苦的对象，没有人能帮我解决我不想停学的问题啊。在毕业留言册上，我的班主任老师为我留言："三百六十行，行行出状元！你能在学校里是第一，你能成为班里的班长，将来出去社会，你也一定可以的。"我知道这都是意有所指的。另一位老师写的是："你做什么都会成功的！"我心中五味杂陈，意识到自己即将失学，我表现得没有太大的悲哀，因为已经习惯了命运总是让我失望的对待。有人问我，我看着成绩比我差很多的人都去升学读书了，这时我的心情如何？我的答案是，我的人生没有什么心情，因为根本谈不上心情。我对人生的苦难没意见，我习惯了。为了活下去，我几乎费尽所有的力量和时间，年轻人的什么交男女朋友，跟我一点关系都没有。我的人生，是无尽的干活及空虚，全无乐趣及期待。现实人生把我教会了，我的人生没有资格纠结。

读不了？那就不读吧！同学都去学校了，但他们是他们，我是我，我是个爹爹不疼奶奶不爱的养女，所以，读不了就不读，我没有资格埋怨……回顾我的成长过程，我曾经是有怨恨的，不过现在我不再有怨言，但若问我唯一没法抹平的遗憾是什么，那就是我的被迫失学！我这一生将投入教育及关怀失学的孩子，就是想要弥补自己的这一缺失。既然上天让我失学，就是为了让我感受到无法读书的痛，从而在我有能力的时候更加有决心去帮助其他需要帮助的同学能够读书。现在我知道了，我的失学，是上天赐我的宝贵礼物，因为这在我心田上种下了慈善的种子……

□ 南下打工：15 岁汩崩火车站月台！

不得不停学，要离家去南方找哥哥们一起打工了。

那一天，是我永生难忘的场景之一，车票是用自己赚的钱事先在学校旁的代购点买好了的。买车票时全身只有 110 元，车票是 97 元，买完车票我只剩下 13 元。离家的那天，爸爸去集市上送货，妈妈在家照看三个孩子，我带着简单的行李，坐在妈妈的三轮车上出门，但妈妈把我送到村头就走了。

我没坐过火车，第一次远行，但没有人送我。我自己拖着行李坐公交车到了火车站，在月台上一个人孤零零地站着。本来我对终于离开了"骂不可回嘴、打不可回手"的家庭应该有一种长舒一口气的轻松感，但是，看到站台上到处是送人的场景，都是千叮咛万嘱咐、送水送饭带特产的画面……那一刻，泪如泉涌。在电影、小说里，"月台"是个浪漫温馨、难舍难分的地方，但我首次来到月台，面对陌生的车站及人群，却有强烈的孤单感，因为没有人送我，没有人舍不得我走。那一天，我不是在必须强言欢笑的学校里，也不是在不可以有任何情绪的家里，我在凉风习习的月台上，在陌生人群的吵杂推挤中，感觉到无比深沉的孤单及一片死寂。

我看到的自己，是一个没有人爱、照顾、疼惜的小孩，我是这么地孤单与寂寞……我首次释放自己压抑多年的委屈，静静地在等车子时让泪水流个不停。

车来了，但我个子小，在汹涌的人潮中形同是被挤进车厢的。当时的火车里有大量买站票的人，而我虽然有买票，可位子被人占了。小小年纪的我不敢说，不敢要人把位子还给我。就只好一直站着，就这样，我像个飘零的种子，随着火车的轰轰隆隆声飘向我的目的地……

路上18个小时，经历白天与黑暗，我这颗脆弱的小种子正飘向另一个未知，我没有兴奋也没有期待，因为我已习惯了被命运安排，我就只有逆来顺受的份……

我累得不停换着站姿，木然地看着车窗外倒退飞逝的景色，却没有一丝丝旅行或远行的喜悦。这是我第一次真正远离家乡，我不知我的未来会如何……

一语小计：
彩虹就在转角，只是尚未发现。

口 决定 = 结果

漫长的18个小时车程里，身边有由家里带来的一个旧水瓶，我事先刷洗一下灌了水带着，另有一袋妈妈要我带给哥哥的咸鸭蛋。整个路程中，我偷吃了几颗蛋，用仅剩的那几张破破烂烂的13元钞票买了一盒方便面泡了充饥。接下来全身只剩下几块钱了，就这样，到了广东的东莞车站，哥哥把我接到他们住的地方，小小的房子，哥哥嫂嫂都挤住在一起，我打地铺。我爸爸妈妈曾在这里做保安与厨房工作，所以哥哥们就接替他们的岗位来打工。

但是到了工厂，我好沮丧，因为我的工作是非常枯燥的流水线工作，每天就是机械地不停地做手提袋的贴合工作。月薪是1200元，每天是早上7点上班一直工作到晚上8点，总共12小时，中间只有一次一小时吃中饭的休息时间。

在工厂的餐厅吃饭，我的点餐是被管控的，因为妈妈经常来电话要我省钱，叮嘱我只能叫一块钱的午餐。工厂餐厅的伙食分三种，一块钱的是一个馒头和稀饭而已；一块五的就是米饭加一个菜，多半是省钱的中老年工人会点；而哥哥嫂嫂点的通常是3块5的餐，有鸡腿及汤，而我是不可以点这种餐的，虽然我常常在一旁看到他们吃而口水直流。

工作量这么大，一块钱的餐难吃也吃不饱，但因为以前经常被打被骂，对父母的交待不敢违抗，所以对父母的话都尽可能去听。这种深深的恐惧感，让妈妈的话一样控制着在远方的我。妈妈有叮嘱：要我把所有省下来的钱都寄回去，从小胆小的我只能听话照做。但吃到后来工厂的同事们都看不下去了，都叫我点好一点的餐，但我还是不敢点多于一块钱的午餐。

工作时间长，中午吃不饱，每天非常累地回到那三个房间一个走廊的狭窄住处，五平米一堆人吃住全在里面，连洗澡也不方便。周边虽然都是哥哥与亲戚，但工厂的生活和在家乡是差不多辛苦的，我很快地就知道了：若留在这里，我的日子会一直吃不好、睡不好的。

这样的工作与人生，不是我要的，但我没有说一言一语，每天听话做着流水线的工作……我忍耐着、我在等待着、我只是在等发薪水！

一语小计：
我的起点在社会底层是可以接受的，但终点绝不！

口 决定离开工厂：我要出去赚更多钱！

我的父母经常说："有钱就是爷，没钱就是孙子！"我深受没钱之苦，我认为人生的一切苦难都是钱招来的，所以我不喜欢钱、我不在意钱、我甚至恨钱。

我很早就立下这个誓言："以后我一定要自己赚钱，赚很多钱，然后拿很多钱来砸死他们！"而这个工作，我知道我做死了也不会有钱，这样我如何实现我所说的"要赚很多钱"的话呢？有比较才更清楚，原来家乡的生活还不算苦，不让吃饱又枯燥的流水线工作是另一种苦，我很清楚，我不要留在这儿，我不要在下个月、明年还过着这种生活，所以我早就心生离开之意。到此打工的生涯，让我明白我要走另外的路。虽然我不知道我能走什么路，但决心要另寻出路。我决定要离开工厂另找出路，因为想要赚更多钱。

打定主意我要离开！一个半月后，终于发工资了。拿到了1200元薪水，我留下了红包与告别信。200元给新生的小侄子当红包，信中说明："我想过更好的生活，这里不适合我。我感谢大家对我的照顾。"同时考虑我来的时候买了一些新的生活用品，怕嫂子们会计较，怕分配不好，所以一一交待这个留给谁那个留给谁……然后我就跑了。工厂门禁森严，本来我是不能离开工厂的，但因为保安队长是爸妈当年的好朋友，我运用这层关系谎称我只是出去买个东西。一出大门，就像当年因为玉米梗子而离家出走一样，完全没计划，毫无选择的上了第一部到达车站的公交车，心想只要离开这里就好，结果坐了一个小时的车子，到了终点站下车，抬头一看车站的名字，我来到了"樟木头镇"。

> 一语小计：
> 思想产生决定、决定产生行为、行为产生结果！

口 在樟木镇无偿每日工作 15 个小时

下车后，也不知东西南北，反正我有早餐店的打工经验，马上就去找餐厅的工作。跑了好几家，终于找到一个愿意破格用我这个才一米五、15 岁小孩的小面馆。

我告诉老板，我不要工资，我只要有得吃和住就行。由洗碗、擦桌子、端菜到所有厨房的活，全都不用叫我，我会自觉去做，因为有活就总要有人干啊。

这家小馆子经营早餐、晚餐和夜宵，清晨四点开始工作，早餐卖到 11 点半后，到 3 点前可以休息，我就把桌子拼一拼来睡一小觉，还记得老板怕我睡过头还帮我买了个闹钟。

我的工作态度让老板很满意，而我在这家饭店里感受到工作的愉快，在家从来没有人会对我说谢谢，可这个老板因为我的自动自发及勤快，竟然除了向我说"谢谢"之外，有时还因为对我满意就会给我吃个鸡蛋，这让我让我受宠若惊且非常感动，我自觉接着去忙晚餐及夜宵的工作。

我的成长过程被歧视、被否定得太久了，我的经历总是"做的好是应该，稍微有点不好就要被打被骂"，所以只要别人对我好一点点，给我一个拥抱，或是点个赞，我就很有感觉，就会想要回报……

原来，曾有过的童年经历，让今天的我成为一个很容易就感动及满足的人，这真是一个太好的生命礼物了。别人看到我很辛苦时，其实我还乐在其中呢。只是当时我不明白这个道理，只是被"谢"了几次就感动不已。

一语小计：

当你努力了，生活还是会眷顾你的。

口 一个身心疲累的"井底之蛙"之诸多错误思维

偶尔的"谢谢"与一个鸡蛋，毕竟无法平衡平均一天工作 15 个小时的重活，这样的工作对一个 15 岁孩子的压力其实还是蛮大的。

发现我是个养女后，曾经我想问的是："为何当年不把我丢到水里淹死算了？"现在，在那餐馆的厨房里，我开始问更深的问题，我常一个人在深夜醒来问自己："不知人生到底是为何而活？为谁而活？"。

从小，我干的活太多太重了，我活得太累了……表面上我能干又乐观，其实心中很忧郁，只是用尊严及意志力在撑而已，所以这段时间里，我想自杀的念头就像阴魂一般，时不时就浮出我的脑海里。因为我实在是活得太累了。

回想起来，年纪小、没有学历、没有依靠、身边没有良师益友，这让我成为一个"井底之蛙"，且心中被好几个错误思维误导了许多年。

第一个错误思维，就是错误解读了生命与"钱"的关系。

就因为养父母经常说的这句"有钱就是爷，没钱就是孙子！"一直在我心中萦绕，让我深受没钱之苦，认为人生的一切苦难都是钱害的。所以我一方面要挣钱，佢心里的潜意识是不喜欢钱的。我不在意钱！我恨钱！但我想用钱当"金钱镖"来扳回我的辛苦，因此我设定了一个可笑的目标：挣很多钱给养父母，让他们看得起我。

第二个错误思维，就是误以为自杀是最好的解决之道。

因我曾想，我若死了就再也没困难来折磨我了，我就不用再干这么多重活苦活了。所以我一直不能摆脱自杀倾向，15岁时就已设定了具体的自杀目标：在20岁之前要赚很多钱，然后用这些钱来砸死爱钱如命的养父母，然后收集很多安眠药，在20岁生日那天结束我的生命……

那时不知道精彩的人生在等着我，不明白好日子都在后头呢，若那时采取了自杀行动，若真的死了，那是多可惜的事？何况，死那有那么容易？

死，不是一种权利，因为，生，是一种责任。

第三个错误思维，就是错误解读了人与人的关系。

就因为习惯了没有人善待我，让我早早懂事，认为所有的问题都与别人无关，结果养成了这个坏习惯：自己的苦痛不让人知道。我不会向人诉苦，因为觉得诉苦没有用；我不会向人求助，因为被养父母知道了后我会因此被打骂。我的理由是，我的亲生父母都不要我了，我的养父母都这么虐待我了，在这个世界里，别人凭什么要对我好？全村人都知道我过得很不好，但没有人具体对我伸出援手……

但回想起来，我忘了曾善待我的老师，现有我更明白养父母自己家中都已经食指浩繁，但也把我这个外人养大了，再怎么刻苦，毕竟还是有许多人的付出才让我能长大到能觉悟这一切的现在。

在我年幼因为不理解苦难的原因时，只能告诉自己：不要跟世界要答案，我不知能走什么路，我也没有人可以问、可以讲，我只能靠自己。但这都是错误的想法。因为每个人都是要靠别人帮助的！人与人是有温情、恩情的！这都是日后我遇到贵人、恩师之后才知道的。现在我知道有太多的人对我好，所以我也要对人好！

第四个错误思维，就是错误解读帮助人的方法只有钱。

我曾想，我这么苦，就因为我没有学历。我的成长过程，最痛心的就是学业的中断。我深知失学的痛苦，我告诉自己，若自己将来有成，我一定要关注孩子的失学问题！

但当时看看自己的处境，自己都没法好好活了，谈什么关心其他失学的孩子呢？那时想，既然没钱的我没法照顾自己、为别人贡献，那还干嘛活着？我曾失去奋斗的意志，就因为这种错误的思维。

还好日后遇到了明师、恩师，懂得了助人的方法不是只能用钱。今天，懂得销售及演讲的我，可以帮助人的方法可多了。

篇章小结：观念决定我的心境及环境

一个"井底之蛙"的诸多错误思维，让我活在否定自己及世界的小空间里，我到后来才明白，那些梦里的方块，以前认为它们是压迫我的人和事物，后来才醒悟它们其实是这些错误思维。

一旦我破解了它们，我的人生就开始变成彩色的了。而这一切，都是因为良师益友的出现，让一切变得清楚了：养女生涯的宝贵礼物，就是让我拥有别人没有的机会，让我早早地就成熟，让我成为一个"微笑面对"人生的人！

这个篇章，我很认真用心地和你分享，因为我知道交人先交心，我想告诉你，一切都是生命赐予我们的礼物。真的，眼前的人生可能不是当下我们所想要的、所能理解的，甚至是我们所不能接受的，但真的对于我们以后的人生都会有很大的帮助。换一种心态，去接受、问自己："这件事情的发生，对我到底有什么好处呢？"问一遍没有答案，那就持续问，直到你问到正面的答案为止。

境由心造：观念决定一个人的心境及环境！我保证！你一定会有答案的。这只需要你的坚持、用心以及好的心态！

亲爱的读者，我希望戋真的能够帮助到你哦！

新浪微博找我请输入账号：天天创造奇迹的园园。

天天创造奇迹的园园

简介: 90后的我、80后的拼、70后的智、...

会员 >

澜庭集——创造奇迹的殿堂

我是金红霞，人们都习惯称呼我为格格姐，从事微商澜庭集以来，我的生命奇迹般地改变着！澜庭集贸易有限公司成立于2014年，主营预包装食品，营养食品等。目前旗下产品主要有钰盈堂－净颜梅、卡祖－玛咖片、韩钰萧－面膜。

澜庭集自成立以来，始终坚定统一信念：以社会发展中日益突出的全民健康问题为己任，时刻保证旗下品牌产品自然、精华的健康精髓；公司拥有严格的管理体系和完善的服务团队，澜庭集人一直秉承客户至上、积极进取，勇于开拓，不断进步，不断创新的理念。澜庭集及其品牌在短短一年中荣获3A诚信企业、全国十大著名品牌、中国3.15诚信品牌、中国电商行业驰名品牌、中国电商行业十大品牌、3.15诚信企业、全国电商行业十佳名优品牌、质量信誉双保障示范单位、学习联盟爱心公益证、中国电子商务会微商专委会"理事单位"、首届世界微商大会"最具人气微商品牌奖"、首届世界微商大会"最具人气微商团队奖"、年度微商明星品牌奖等殊荣。澜庭集拥有严格的产品质量管理体系，我们的产品通过了FDA认证、CE欧盟认证、ISO9001国际质量认证、日本Q'SAI检测标准、ISO14000国际环境体系等。

一年多的时间，一个企业，从起初的47人到如今30万的代理商！三百多辆豪车：劳斯莱斯，宾利，兰博基尼，玛莎拉蒂，法拉利，路虎，宝马，奔驰……带来的不仅仅是财富的丰收，更多的是人生价值的体现！璀璨澜庭集，共筑中国梦！我们要把澜庭集，做到家喻户晓！

　　一个处于负债、低谷与绝境的人靠着自己的勤劳与智慧，从最初的摆地摊起步，做过很多行业，在酒吧行业从事了十年，如今她紧跟时代趋势步入微商行业，赢得无数人崇拜、支持、跟随！

　　精致、纤瘦的身姿，一头时尚的短发。紧握时尚脉搏，性格热情爽朗，这就是我们澜庭集的大家长萧姐，她说一个人成功不算成功，带着一群相信她的人都赚钱了才是真正的成功！

　　她的座右铭：你帮助多少人成功，就有多少人帮助你成功！

　　这也许就是她能交那么多朋友，并赢得微商拥趸的信任和跟随的原因！

　　园园老师真可谓演说天才！第一次见她感觉长相平平，可是一上台一开口就让人刮目相看！我喜欢这样的妹妹，喜欢这样的军师！

　　曾帮我们团队培训一次成交达百万！

　　从园园老师的身上让我看到了一个90后的坚强，智慧……

　　注定我和园园老师要捆绑在一起，完成一个又一个奇迹！

2016 年 8 月 30 日

第二章
CHAPTER 2

成功来自——谁能帮我

看工厂小女工的逆袭成功
与恩师贵人周大森的奇缘

口 一个神奇的早晨：跟着"同乡"走而转变人生！

日夜颠倒地一天工作 15 个小时，我在那间小饭馆毫无人生目的地工作。

我和老板是讲好了的，只要他收留我，我是不拿工资的。这我清楚，所以心中也在想，那接下来呢？

就在没日没夜地工作到第 15 天的早上，来了一个来吃早餐的人，这个人来到我们的店里吃早餐，却显然醉翁之意不在酒。他主动找我讲话，他亲切地问我一大堆问题："听你的口音是安徽人吗？""你几岁了，怎么这么小就来打工？""工资多少啊？"他让我知道我们是同乡，而且还打开他的手机屏幕让我看上面的网站，我看到"欧美滋"网页的第一个页面，上面就有一个人的照片，壮壮的很神气，穿着高大上的服装，一脸的精神奕奕。

当场我就印象深刻，一面"哇"一面突然发现并问他："为什么这个人跟你长得这么像呀？"他笑着对我说："这个人就是我呀！"啊，原来他就是这公司的老板啊！他是个大老板，却来到我们的小店吃早餐，而且对我这个小人物这么亲切，这是为了什么？我当下抱着疑问但也没能想太多，就赶紧拿出我的敬业精神好好地服务他。

这位大老板吃完早餐后，并没有立即付账走掉的意思，反而坐在位子上把我叫去坐在他的对面，很严肃地问了一句让我吓一跳的话："要不要跟我走？我帮你去找有工资的工作！"非亲非故、一面之缘？他为什么会这么对我？可不可能他是个骗子？人贩子？这突如其来的一句话换成别人心中一定产生警戒，怀疑他的动机而有所犹豫。

　　但是我没有犹豫，理由很简单，因为他跟我一样是安徽省阜阳市阜南县人，说的是我熟悉的乡音，既然是同乡，亲不亲故乡人，同乡总会照顾同乡的，我是这么认为的。除了他的口音让我对他信赖之外，我在那小饭馆本来就没有拿工资，可说是没有什么未来的，我为什么不抓住别人送上门来给我的机会，试试另一条路呢？所以在那个当下，我就说："好！"我就决定跟他走了。

　　我不是支薪员工，所以可以说走就走。饭馆老板好心提醒我："你怎么敢就这样跟他走？他把你骗了、卖了怎么办？"但对我而言，我自知我是个什么都没有的人，又丑、又矮、又小、又没有姿色，我有什么可以被骗的？更何况，我早就打定了主意，反正我在20岁时是要自杀的，我都准备去死了，跟着他去试一试又何妨呢。就这样，我当下就跟他走了，从此我的人生命运180度转变。

　　我的人生从此峰回路转，发生了一连串我想都想不到的神奇的事！现在回想起来，人还真的是有要背水一战的决心，才能有勇气做抉择，不然很多人就因为诸多

理由而错过了机会。当时的我，是疲累又灰心的，就因为我的一无所有，所以也就一无所惧，就跟他走了！

那一个早晨，上天终于眷顾到我了。

上天派了一个贵人来到我的面前了。

口 追随恩人"周大森"开始"美业"的学习

上天眷顾、贵人出现了，这个人，就是180度转变转变我人生的最重要恩师——周大森董事长。因为我的勇气追随，我的人生从此改变了风景。这件事让我每次想到都兴奋不已，心想："还好我有跟随他，还好我没有小鼻子小眼睛的继续做个蹲在小餐馆的胆小鬼！太幸运了！"

因为那就是我的人生转折点，我由低谷攀上高峰的转折点。当时搞不清东西南北，心想就算跟错了人也愿赌一下，我根本不知道人生即将转运了，毕竟，我当时才15岁。

就这样，周董先带我到他的家里住了三天，师母和他们的小孩对我都很和善，让胆小的我感到安心。我第一次住到高楼大厦里，我的天哪，三十层高楼里的住宅，真是太高大上了。看到他家光鲜亮丽的厨房，配备卫生设备的三室一厅的大房子，我好像到了皇宫一样，有一种惊叹的感觉。对比我哥哥他们住的地方，10平米3个人，吃住都在里面，这种人生简直太成功、太豪华。

在这几天里，周董让我明白，他自己的保养品只做品牌，是产品的生产厂家，自己没有干店。如果他要让我进入他的公司，就必须先要有基本的技术与本领，所以在这三天里他一直联络店家，就为了找到一家愿意让我学习的加盟店。

当时他在全国已有将近 600 家实体美容院，最后周董终于找到了一家愿意接受我去做学徒的加盟商，接着就把我带到那家美容院去了。我记得，那家美容院的老板一眼看到瘦小黑矮的我，就露出想打退堂鼓的意思，因为当时的我实在是"卖相"太差、太让人觉得我不可能胜任工作的。

但是，老板虽然从头到尾都面有难色，最后还是卖周董的面子，让我留了下来。我知道，在周董的公司里，每个人都要有经验有实力，而我什么经验和实力都没有，凭我？这种 15 岁的小毛孩，哪有资格进入周董这么大的集团呢？所以他叫我去学习，我就去，我什么都不问，我就该听话照做。所以，既然这位老板愿意接纳我，我就感恩地非常认真地在这家店里工作与学习。我什么都不计较，我什么都抢着做。

口 我来到了生活中的天堂

那是我人生第一次知道世界有"美容院"这样的地方，完全不知道什么是美业，我只知道听从老板的指令，一个命令一个动作地学习与工作。

在店里，空气都是香喷喷的，房间都是美美的，进到店里来的都是接受美丽服务的贵妇，我知道，我是一脚走进了一种叫做"美容事业"的事业了。而且我知道我什么都不懂、什么都陌生，以前听都没听过连想都想不到的一大堆的专业术语迎面而来。我的妈妈呀，我看都看不懂，那些专用名词中甚至还有我认不全的字，还有"美业"工作的节奏也是陌生的。

怎么办？我全不懂，可是来都来了，再难也要上呀！难道我要退缩吗？难道此时我要说自己不行吗？不，绝不！就像过去一样，我每次遇到从未有过的挑战，都是迎面而战，不曾退缩的，这次也一样。

于是，我开始拼了命的学习，我全力以赴地工作。我虽不明白在这里能有什么未来，但我对周董的信赖让我在夜以继日的工作与学习中感受到这应该就是我人生的转机。

口 功不唐捐：苦练勤学，我成功了

因为学历不高又年纪轻，我自知自己只有这一条路可走：我接受指令，做任何老板交派的工作。

事实证明，那段毫无怨言的工作，让我底子打得很扎实！很快我就发现了，因为这家店是老店，客户都在熟手老美容师的手上，我是不可能马上就有自己的客户的，也就是说，我欠缺客户来当做学习的基础。既然欠缺活体的练习机会，我只有在学科上的准备来加强。于是，我硬着头皮去背那些经络穴道的名称及位置，许多名词对初二都没毕业的我犹如天书，但我求知若渴，拼了命的记笔记、画图。我原先对美容是完全没概念，也不像别人是对"美"有兴趣而投入的，我只是有这么一条路在眼前可以走，就硬着头皮走下去。

以我的学历及年龄，要学会这些专业深的学问，坦白说确实很苦。但我告诉自己我必须吃得了这些苦，这是没得商量的事。我能有这么好的机会，周董的事业平台就在我眼前，难道还敢去挑，去做吗？美容业的外表是美丽的，但从事美容的人实际上要学的东西很多，都是硬蹬硬的医学与技术。美容院里有十几个项目，每个都要学会、要会做，不能说你只想学那几个。

公司不断地安排课程，每天工作完再累也要上这些课，还有大量的实习，比如：要练习找到穴位的精准位置、比如要比较力道的不同效果。老师告诉我们，有些特殊的穴位若抓得不对都有可能导致别人生命危险的。我越听越感到要谨慎认真，你的一个失误可能会造成鲜活生命的离开，在笔记本上一一加以记录。

美容业主要是凭着手艺吃饭的，当别人都在专业的人体模特上练习时，而我却买不起，只能花3块钱买了当成破烂卖的旧服装模特儿来替代。我用圆珠笔在上面点点划划、画出人体穴道来练习，用自学自修的工夫来补我学力及实习上的欠缺。

公司都定有进度

我还没接收完

还觉得没能完全融会贯通第一种知识时

就又有新的课程要学

但，有渴望，又何妨。

口 "自修＋努力＋学力"弥补了"学历"

进入"美业"我发现自己的缺点还有一个，那就是我的手实在不适合干美容。客人的皮肤都是最娇贵的，可那个时候，刚从老家出来，长年干农活，所以手特别的粗糙，摸到东西都有"刮刮"的感觉，那如何能用在客人的脸上呢？

我知道我必须要解决这个问题了，为了让客户感觉不到我手的粗糙，就天天拿白醋来泡手，每天都泡将近半个小时，我明知这样会伤我的皮肤，但我必须快点让我粗糙的手快速变光滑又为了让我习惯于出蛮力而不够巧的手提高柔软度，每天都倒立着来撑墙，一撑就是两个小时，有的时候手痛到吃饭时连筷子都拿不起来。这些都是别的美容师不必面对的，但我暗中自我督促要做出改善，所以我每天的忙碌程度是最高的。

我坚持着，因我知道不努力就只能回到原有的生活，而过去的生活太痛苦、太卑微了。我更知道"学历"不如"学力"重要，我没有学历，这不代表我就输给别人，我可以用学习能力来补足。我不甘心继续过过去的那种生活，所以我只会努力再努力！所幸，天道酬勤，功不唐捐，我的认真与投入，十几个项目我一一踏实学习、实习、练习……埋头苦干投入陌生的美业，我学得超快，很快地，我的专业水平大幅提升，让同事及老板对我刮目相看。我找各种方法来学习经络穴道的奥妙，我很幸运，通常要6个月才出师的全身养生按摩，我2个月自修就通过了络经考试！

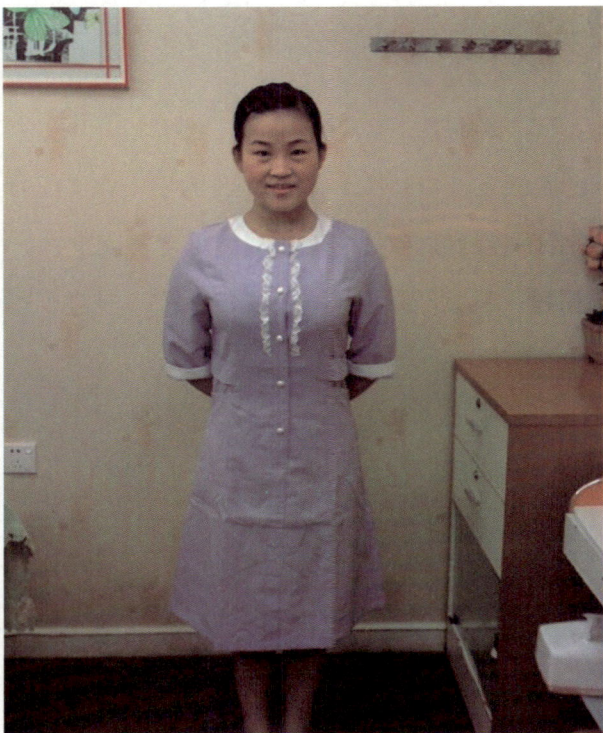

让身边人对我刮目相看，那是我对自己的标准。不然，何以体现：园园，存在着……

口 周董的人生故事感召：誓言不让家人再忍受贫穷之苦

周董不但是我事业上的启蒙师，更是我人格、品德的导师。他是我的经师，更是我的人师。

进入深圳大爱堂集团后，我才知道周董的事业背后的感人故事，周董的人生故事，也深深感召了我。越和周董相处，就越明白我遇到了一个千载难逢的好老板。他的成长过程并非我起先以为的一帆风顺，而是充满着挫折与传奇。周董出生在一个平凡的家庭，是一大家子都住在一起的大家庭。他的祖父曾是经商好手，早先的家业是很兴旺的，但后来祖父在商场上被骗去赌钱，使得生意失败，也输了所有的家业。家道中落了，但也因为如此，使得他们一家在解放后没有被评为地主。家业传到周董的父亲这一代时，已日渐式微。奶奶身体不好，必须有一个人回到农村照顾她，而家族里的兄弟、堂兄弟基本上都有正式工作，所以，周董的父亲义不容辞地担负起了这个回乡照顾老人的重任。

但农村的收入低，使得他们的生活步履维艰。9岁那年，周董的父亲骑着一个很破旧的单车，载着周董来到县城。来县城的目的是来借钱的，因为，姐姐要交学费，家里的房子漏雨需要装修，这些现实的问题让他们不得不求助于亲友。但是他们一整天到处向人开口，都没有借到任何钱。回来的路上，周董坐在父亲的单车后面，他问父亲："为什么我的叔叔伯伯都在机关都有工作，而我们家却只能在农村呢？"父亲的回答："因为奶奶生病了，我们必须要有一个人来照顾她。"那时周董是小学三年级，那是他有记忆以来，第一次燃起了一种强烈的渴望，他觉得自己对这个家庭的经济是有责任的。小小的他，心中定下誓言："我要改变我家的穷困！"原先我以为我自己已经够苦的了，但基本上我的苦只是要顾好自己，不像周董的苦是还要顾及家人。比起他，我真是感到惭愧。

口 周董的人生故事感召：37 次求情换得大学休学一年的赚钱时间

面对生存的压力，周大森发誓要好好读书，好让将来有朝一日，能让家人不再忍受贫穷和痛苦。那时候，他就立下了两个志愿：一是一定要考上北京大学。因为在他的认知里，只有考上大学，才能当上大官，才能让父母离开农村；第二个志愿是：如果不能当官，那么一定要去经商赚钱，让父母过上好日子。从那时一直到高中毕业，周大森的成绩一直名列前茅。高考填志愿的时候，他的第一志愿就是北京大学；第二志愿是安徽中医学院。

遗憾的是，仅仅几分的差距，使得他被北京大学拒之门外，他只能退而求其次，就读了录取他的安徽中医学院。

他想："如果能成为一名医生，就可以让自己的家人少受疾病的威胁，拥有健康的身体，其实也是一个不错的选择。"

尽管如此，问题却依然存在。在那段艰难的岁月里，念大学的学费，对于这个原本贫困的家庭来说，无疑是雪上加霜。如果他当年就去念大学，那就意味着两个弟弟会因此而失去读书的机会。上大学是他的梦想，但如果这个梦想需要让父母的辛劳劳动以及弟弟的前途来换取的话，那就与他的初衷背道而驰了。他不想成为整个家庭的负担，于是，周大森做了一个惊人的决定——休学一年。

首先他必须让学校同意他休学，但学校并没有这样的制度，更不会为了他一个人而破例。为此，周大森拿着自己的录取通知书去找学校的领导，请求他们为自己保留一年的入学资格。他整整去了学校 37 次，求了领导 37 次。最后，他的执着和孝心终于感动了领导，他们答应了周大森的请求。

周董的人生抉择多么地让我感动，求情 37 次的毅力让我敬佩无比，他的精神从此成为激励我的源头。37 次求情，相比之下，我若为了成交客户，要努力比 37 次还多才对。得到了学校的通融，他还要瞒着家人，好在那时候通信并不发达，他没有告诉家人自己已经休学的事实，他瞒着这个消息而打工赚钱，且在心中告诉自己这不是牺牲，打工赚钱并不是为了放弃学业，而是为了重整旗鼓，养精蓄锐，积累资金，更好地开始学业。

口 周董的人生故事感召：建筑工地勤工俭学筹学费 & 奉长辈之命成家

休学一年的日子里，周大森待的最多的地方就是建筑工地。那时他只有 17 岁，96 斤的体重，却每天做着挑沙子、搬砖头、扛水泥包这样的吃力工作，他用稚嫩的肩膀背负了与年龄并不相称的责任，承担了本不该让自己扛起的压力。但在他看来，那是他必须要做的事情，经过一年的辛苦和努力，终于苦尽甘来，他赚够了第二年的学费和生活费。就这样，拿着沉甸甸的工资，他终于实现了自己的大学梦。

当他把这个喜讯分享给家人时，却被祖父母下了一道指令：结婚，老人的想法很简单，就是想尽早看到周大森成家，传宗接代。于是，周大森的第一次婚姻就是在这样匆忙的情况下完成的。他在成为一个大学生的同时，也成为了一名丈夫。他一边读大学，一边勤工俭学，同时还承担着自己在婚姻中的责任与义务。读大学期间，他做过老师的助理，帮别人做过理疗，也做过家教，不但没有给家里造成负担，而且还寄钱给家里，帮弟弟交学费。周董为家庭承担，毫无怨言，克服困难，能有几个人做得到？他做了，我要向他学习。

口 周董的人生故事启示：对医界"救死扶伤"的期待破灭

在读医大的时候，周大森的导师告诉他："身为一名医生，你的责任就是要救死扶伤"，他奉此为他的信念。

大学毕业之后，周大森本可以留在合肥，但他读医大的目的就是想更好地照顾家人，所以他毅然决然地放弃了在大城市从业的机会，回到了家乡的一家医院就职。但当他真正地进入医院后，却发现现实医界并不是他理想中的"乌托邦"。他经常目睹病人因为没钱而不得不停药的残酷事实，也目睹了医院中每天都在发生许多挑战他从医初衷的事情。

由于对当时医疗体制的不认同，使得他的内心萌发了离开医院的念头。在学医之后，周大森曾经有个梦想，那就是能当上院长，让每个人都能看上病，不再因为没钱而失去治愈的机会。但这种梦想随着他对现实认识的加深而逐渐破碎，他大学的一位导师告诉他："你太天真了！要想在公立医院做院长，没有五十岁根本不用想。这不是你能力的问题，而是你的前面已经有很多人在排队了。"这个梦想的很难实现，也让他对未来失去了信心与兴趣。

恰巧在那时候，周大森的一个"下海"同学回到家乡来找周大森。这位同学没有读过大学，高中毕业就去打工了，现在却开着上万的摩托车衣锦还乡。而读过大学的他当时在医院的工资只有 600 元，这样的实质落差再一次刺激了他想要改变的决心。在这一系列因素的推动下，周大森放弃了医院的铁饭碗，把户口重新迁回了农村，选择了下海经商。那时，他只把这件事情告诉了老婆，并不敢和父母讲。他如此有勇有谋，智慧超人。他的成功跟他的决策力和眼光有关。

□ 周董的人生故事启示：开服装厂赚到第一桶金

在老婆的支持下，他拿着七拼八凑的 10 万块钱，开始了人生中的第一次创业——开服装厂。

那时，他最大的成本就是设备维修费。恰好周大森在高中期间就在打工时学过维修，那时他白天上课，晚上就在维修师傅家帮着修一些家用电器。在几个学徒中，他是学得最好的一个。虽然之后并未以此为生，但事实证明，人生很多看似无用的经历，都会在某个阶段发挥出它应有的作用。

机械的维修技术都是相通的，他稍加研究车间的机器就学会了如何修理电动缝纫机，而且做得比教他的人还要好，也因此为公司节省了很多成本。这件事证明了，个人经历过的每件事情，通常都是有意义的，只是需要时间才能验证。

之后，他们接了一些欧盟的单子，做一些衬衣、裤子之类的服装。很快地发货的香港洋行温总发出疑问："为什么这段时间有一半的货比以前做得还要好呢？"他查证后才知道，这一半的货都是周大森做的。就这样，香港洋行的温老板亲自来找周大森，经过交谈，温老板很看好周大森，并投资给他 50 万。周大森由接别人的货，变成了发货给别人。那是 1997 年，也是周大森人生第一个辉煌的时刻，他赚到了自己人生中的第一桶金。人们把他视为青年才俊的样版，得到了"十大杰出青年"的荣誉称号。

□ 周董的人生故事启示：他从"十大杰出青年"到负债 200 万

慢慢地，他的手上也有了一些流动资金，开始接受先发货，再付钱。

而就在 1998 年，欧盟市场的服装市场大大下滑，贸易公司的老板跑路，香港的洋行也关闭了。周大森把自己赚的钱都赔了进去，不仅如此，还欠账差不多 200 万。那段时间，他的人生就像过山车一样跌宕起伏，刚刚经历了事业的高峰期，马上又跌入最黑暗的深渊，他终于明白"一夜白头"是什么滋味。他当时甚至还想过要自杀，从春风得意到一无所有，那是他人生中最痛苦的一段日子。

从"十大杰出青年"到负债，这样大的落差，情何以堪？他更担心父母承受不住他失败的压力，因此使得他选择了逃避，他萎靡不振，借酒消愁成了他生活的全部。祸不单行，在他最失意的时候，父亲也因为身体原因永远地离开了他。这对他而言，无疑是致命的打击。在姐姐的劝说下，他终于决定振作起来，重新开始。因为虽然父亲不在了，但母亲还需要他照顾，弟弟还在读书，他必须让自己重新成为一家人的希望。周董的人生，可说是过山车大起大落。这让年轻的我明白，人生的低谷是常态，我再也不要为小小的委屈和挫折困囿愁城了。

口 周董的人生故事启示：由 "反射医学" 转进"健康美胸"行业

当时，他再次碰到了大学的导师。导师开门见山："既然你的院长梦破灭了，老板梦也破灭了，现在是不是可以跟我走了？"于是，1998 年，周大森跟着导师来到了北京，学习并推广反射医学，一待就是两年的时间。跟随老师讲课的经历不仅增加了周大森的专业知识，也锻炼了他的说话沟通能力，但这并不能解决周大森高额的债务。于是，为了偿还债务，周大森又进入了桑拿行业。

在这期间，他被一个美容行业的老板赏识，便以合伙人的身份进入美容行业。做了一段时间之后，双方在经营理念上出现了一些分歧。那时候周大森已上过梁凯恩老师的超越极限课程，而课程中这样一句话让他印象深刻："如果你和你的合作伙伴，志不同，道不合，那么一定要分手。"这使得周大森有了自己再创业的想法。

而这次，他选择的事业是很多人都不能理解的健康美胸行业，但是周大森相信，从走上这条道路开始，他便把自己的全部心血都倾注在了这份事业上。

口 周董的人生故事启示：因姐姐的乳腺癌投入健康美胸行业

2005 年，他为何投入并热爱这份健康事业，他为什么会把一份看起来跟自己毫无关系的事业当做自己的梦想？

这个世界上没有无缘无故的爱，也没有无缘无故的梦想，周大森走进健康美胸行业的源头是他至爱的姐姐。

从小因为家庭的缘故，姐姐为了让弟弟们读书，甘愿放弃了上学机会。在周大森的记忆中，童年的很多时光是和姐姐一起度过的，姐姐在他的心中有着不可替代的位置。但在 2004 年，他却听到了世上最让人崩溃和难以置信的消息：姐姐被查出乳腺癌。乳腺癌——三个字像一记重锤一样，狠狠地打在他的心头。一直以来，姐姐都在无怨无悔地照顾别人，对家庭付出，对自己的健康关注却很少。没想到病魔居然降临到她的生命中，当时医院已经给姐姐下了判决书，说她最多只能活 6 个月。

但周大森不甘心，他不接受医院的死刑宣判，他一边寻找最好的医院，一边潜心研究中医，希望能找到治疗及预防乳腺癌的方法。为了亲人能挣脱病魔困扰，他渴望协助姐姐走出乳腺疾患带来的身心创伤，这就是他创建欧美姿健康国际的初衷，也是他为了亲情与梦想苦苦战斗的动力。

乳腺癌对于任何一个女人来讲，都是一个很难接受的残酷事实。除了疾病本身带来的痛苦之外，还要面临形体特征上遭遇的损毁打击。但在周大森以及家人的鼓励和帮助下，姐姐终于调整了自己的情绪，凭借自己顽强的意志，勇敢地面对沉重的打击。

就这样，周大森用自己的努力把姐姐的生命由6个月延长到了8年的时间。与此同时以美业为基础，经过十年的沉淀，他创建的集美容养生、智能健康科技和管理培训为一体的欧美姿集团公司与大爱堂越来越壮大。一个事业的起心、念头若是善的，世界就会回复善的结果。

周董经营美容医学的动机是家人的爱。因此，"大爱堂"也是的爱的事业。

口 周董的人生故事感召：《欧美滋健康国际》关怀乳腺癌问题

在姐姐生病和治疗的漫长岁月里，周大森发现一个残酷的事实：在全世界每年有120万女性会患上乳腺癌，并有50万人死于这种疾病。在中国，乳腺癌的发病率也是极高的，中国主要城市10年来乳腺癌发病率上升了37%，无论在高发区还是低发区，乳腺癌发病率均以5%~20%的速度上升。

周董立下誓言："我一定要帮助更多的人拥有健康，远离这个疾病！"所以，他把欧美滋健康国际这个项目在全国不断推广，不断地呼吁广大的女性及早预防乳腺疾病，及早让自己的亚健康得以改善。这是他的事业也是他的使命："至少要让一亿人的生命健康起来！"他要让人们明白，健康不只属于你自己，每个人都应该本着对社会负责，对家庭负责，对孩子负责的态度对待自己的健康。越明白大爱堂的原始动机，我就越以身为大爱堂的一员为荣。

口 周董的人生故事感召：与《超越极限》& 刘品秀相知相惜共创未来

勤学勤思考是周大森董事长的特质，他的学习与成长脚步没有停止过。

他总是说：任何一份事业都不能靠单打独斗，你必须创建一个无坚不摧的团队，才能真正地把这份事业发扬光大。

2010 年周大森开始师从亚洲超越极限教育集团的梁凯恩、许伯恺老师，之后跟随两位老师向世界第一潜能激发大师安东尼罗宾、世界第一领导力大师约翰迈斯威尔学习。2013 年，周董正式拜许伯恺老师为师，被许伯恺收为首席大弟子。除美业引领国内市场外，周董领导的"大爱堂集团"与"上海超越极限"达成战略合作，成立"道亿纵横"文化传播有限公司，进行互联网线上培训教育，并实施企业培训的个性化定制。

他的目标是发展："物联网 + 大健康"产业！

口 周董的人生故事感召：打造"物联网＋大健康"产业团队

2014 年，周大森与养生专家刘品秀共同撰写出版了都市人养生工具书《活到几岁你来定》，通过走访百岁老人收集到的资料，总结出流传在民间真实的养生之道，这本书为更多人的掌握养生之道指点迷津。2016 年，周大森董事长把握时代脉搏，将公司战略定位于"物联网＋大健康"。开始逐步推出智能净水系统、空气净化系统、健康管理系统等诸多与健康相关的产品，润元科技智能净水系统就是率先推向市场的首发产品。

·润元净水系统能有效解决传统净水器售价昂贵、检测水质功能薄弱、售后保障不易等难题

·将全球领先的精准广告植入智能净水系统的技术

·12800 元的全球第一技术的润元净水设备 0 元大赠送

·真正实现物联网跨界融合

口 周董的人生故事感召：让一亿人的生命更加健康幸福

当欧美滋的健康理念"邂逅"东方的千年养生智慧后，周大森团队中的每一个人，就奔着让更多人的生命更健康的目标勇往直前。

因为他们相信生命的力量，相信一个生命体可以影响另外一个生命体，一个人的梦想可以托起一群人的梦想，一群人的梦想可以托起整个社会，乃至整个国家的希望。并通过良好的股份机制、健康的经营理念、先进的企业文化将各领域顶尖人才凝聚在了一起，进而形成了欧美滋的核心团队。他们在一起创建了欧美滋的品牌项目，项目包括美胸项目、养生项目、私密项目，"让一亿人的生命更加健康幸福"是他们共同的使命，也是他们始终恪守的那份信念。

由《活到几岁你来定》的中华养生书籍的的出版，到欧美滋、大爱堂、润元科技智能净水系统，全都是传承五千年的东方文明、发扬中华养生之道、铸造世界健康品牌而努力的成果。而我有幸身为团队伙伴之一员，我是多么的幸运与骄傲，我们将为我们共同的理想奉献一切！让一亿人的生命更加健康幸福！这么伟大的目标，我也向往啊。

我越了解周董的经历，就越敬佩他，知道他是如此的兢兢业业、永不停止的精神，像一盏指明灯，一直鼓励我走上坡路。

口 受周董启发及感召：拒绝只做服务人员，决定另换美容院！

周董的人生故事激励启发了我，感动之余让我有了更求上进的勇气和信心。虽然大家公认我的学科及术科都是及格的，但是到了第三个月学习结束该要上岗时，这家美容院的老板却给我两个选择：一个是做配料师，一是担任前台。老板虽认可我的学习态度，但她很客观地告诉我为什么不让我做美容师，原因是我的手还是太粗糙了，若去做客人的脸或身体，客人会无法接受的。永远记得老板很认真地对我说的话："小姐，我们是做美容的，可不是毁容的，你的手太粗糙，你真的不适合做这份工作，你最多只能做做服务人员。"

可是，做个没什么成就感的配料师？又或者做站在前台的柜姐？这不是我辛苦努力了那么久所想要的结果。

何况这段时间我因为对周董的了解，见证到"人应该不断挑战自己""不可以停止进步"的精神，另外，在美容院里我也深知，真正的获利其实是销售产品。

我因此萌生换跑道的念头，因为看清楚了在这个店我连做美容师都没有机会，自然也没有办法做销售，不做销售就没有办法拿提成，仿佛跟过去我打工卖时间没什么区别，我越想越觉得没有未来。我真的不想这样，我告诉自己，我也要学周董那样，努力求上进，争取到愿意用我的能力的舞台，所以就打电话向周董报告了我的心情及想法，周董不置可否，只说了一句话："那就换一家吧。"

但他只说了这一句话，就没有再说什么。这代表是什么，他没有像上次一样帮我安排美容院，现在该怎么办呢？我什么也没问，也觉得不该问，恩师已给了我允许，我就采取了下一步行动，自己开始去找美容院。

口 运用面试策略让赚钱三级跳

我立马开始到外面去面试找工作，自己约面试。

一见面，我很怕对方问我的年龄及经历，因为我真的没有什么经历，年龄也还不到 16 岁，所以我就采取主动："老板，做了多久不重要，重要的是结果，对吗？试试就知道我的技术好不好啦？"而且我知道自己的手当时还是很粗糙，摸脸会很不舒服，所以就说："我最会做的是身体，尤其是开背，我最有经验。"事实上，因为我的力气大，做身体反而较有优势。于是，我帮店长试做了一下开背，店长的感觉果然不错，于是就问了我很多问题，我觉得她是在考虑要用我了，我按耐住欢呼雀跃的心，不敢表现得太高兴。接着，店长问我我最害怕的问题了："你做了多久了？"但我早就准备好了自己的应对策略，我不直接回答而是马上反问："那你感觉我做了多少年呢？"店长想了想："感觉有做了两到三年吧？"我马上说："对！对！你真是专业，果然识货！"店长一听当然觉得很有成就感，心情大好，就这样，也就忘了考证我的年龄，就让我面试成功了。

太棒了，800 元底薪，还加提成，每个月认真工作的话，收入可以有 3000 元左右呢，这真是太让我高兴了，这和我过去 1 毛钱一个瓶子和一个月 1200 的流水线工资相比，我感到赚钱速度真是三级跳啊！我学到了：一样的努力，不同的平台、不同的产品，结果自然而然就会有很大的差别。那一天，我突然发现：做下每一个决定后都会带来一个结果，只要你用心只要你努力，结果就会不一样。

口 又一个新的决定：要由"美容师"转行做"美容导师"

我非常珍惜周董让我进入能够改变我命运的健康美业，但是我又看到了，每次周董总公司派来的美容导师带着产品来指导时，觉得她们真的好厉害。感觉她们什么都懂什么都会。

每次上课时，老师让我们做什么，我们就要做什么，而且我旁观她们成交客户都有一套有效的办法，让我感觉她们超级厉害。我好羡慕她们，为什么跟客户随便说一说，客户就会购买？就会签下一大笔钱？这让我感觉做一个"讲师"真的是很牛的事。

同时，我突然想到小时候我曾经有过的一个梦想，那就是我想要做个老师。这个梦想因为无法继续读书所以早就束之高阁了，但这个遗憾现在好像有机会能败部复活，因为我已经做了美容师了，为何不进一步做"美容导师"呢？

口 完成周董的挑战：3 个月内做到业绩第 1 名

于是我又打电话给我的贵人周董，向他报告我想当"美导"的意愿，也就是要进他的总公司接受培训，想在未来做"美导"。

结果他并没有答应我，反而是说："你必须在加盟店里达到第一名我才考虑用你，而且要在三个月内能做到业绩第一名才行。"

"啊！这么难啊？"但是我是真的想要做"美导"啊，于是那段时间里，我拼了命工作，我没日没夜地服务客户，结果我这个新进的美容师果真成为店里收钱最多的人。一般美容师一天最多做 4 个客人，而我接待客人的最高记录是一天做了 10 个人。通常一单活要花一个半小时，所以我经常是一天做上十三小时。

美容美体业其实是个体力活，要一直按一直按，特别累。尤其最怕的是接待想减肥的中年妇女，通常她们身上的肉都是一团团的。我个子小，常常必须跪在床上，那时的手都做到变形变肿，甚至都有职业病了。

我知道，大家在背后嘲笑我这个小孩竟然敢痴心妄想要麻雀变凤凰，做美容师没做多久就准备更上一层楼，要去当不是普通人能做得到的"美导"。我身边的所有人都觉得我的目标是不可能达到的，但我专心冲业绩，一切在所不惜。我的目的就是我要做"美导"，我要做老师，实现我小时候的梦想，我希望人生更上一层楼，想要变得更好。

上天不负有心人，我竟然在连续三个月内得了两次冠军，因为我达到了周董的要求，他也实现诺言，破格让我成为他公司的美容讲师。

得知这个消息的那天，我真的欣喜若狂，在美容室里跳跃起来。我真的好有成就感，兴奋不已，我知道这又是一次考验。因为周董还是用他的方法在测试我，他不随便答应我的需求，而是故意挑战我。

我知道他是在用"激将法"，我知道他是说真的，而我就真的接受挑战，证明了我是值得他栽培的。"言教不如身教"，周董的励志经历激励了我，我有样学样，我的上进

应该也让他欣慰促使他帮助我。

我做到了！我将自己送上了讲台！我兴奋地迎接做"美容老师"的风光日子！

口 处女讲台实录：十几分钟都说不出一句话

我要做"美导"！我很有信心，因为我知道自己的优点及缺点是哪些。

从小到大的经历，让我对销售这件事并不陌生，从小捡瓶子卖瓶子就是做买卖，我对做买卖不会害怕恐惧，这是我的优点。但是我的缺点是：过去都是行动派的买卖，根本就不用口语表达来销售。而"美导"的身份，要用口才来成交，要站在台上演讲，这我就完全不会了。

记得第一次站上讲台开口自我介绍时，我什么都说不出口，我连自己的名字都说不出来。其实当时我心中特别想要表达，但是不知道为何，我知道只要我一开口说话，眼泪就会控制不住向往下掉。所以我就忍着不开口，就是怕泪撒讲台当场出丑，我死都不开口说话，就这样，十几分钟，都说不出任何一句话，身边人对我都失望透顶了。那十几分钟都说不出一句话的处女讲台，我知道已成为大家口耳相传的笑柄，因为我的表现实在太奇怪了，哪有人怕讲话怕到这种程度，哪有一个想当导师的人却站在台上可以十几分钟都不发一言？人人都觉得我不可能做导师、做好销售，更不可能有未来，但我知道我一定要、也一定能克服这个问题，因为，我是真的渴望做老师。我告诉自己，我必须要让自己敢于把嘴巴张开，一定要学习在大众面前讲话。

口才自救法：自我激励＋采取行动

怎么办呢？我只能用自己想得到的方法，常常进行自我对话：

"园园，开口说话吧，好好开口说话吧！"

"可是我害怕怎么办？"

"害怕？有什么好害怕的？"

"呃……"

"你想要活得被人看不起吗？"

"不想……"

"你想成为大家嘴里那个无能的人吗？"

"不想……"

"开口说话会死吗？"

"没那么严重，还不至于会死……"

"那不就好了吗？死不了就行！"

-"好吧，那行动吧！那就开口说话吧！"

我常常会这么跟自己对话、自我安慰、自我开导、自我激励，因为没人跟我说话。我常常喃喃自语、自说自话，有的时候我都觉得我是不是疯了？自己也不知道自己是否还正常。直到有一天我突然有所觉悟，想了这么久，若还是想不通、那就不要想了。其实我在思想上是挺懒的，懒得思考但又需要知道答案时，我告诉自己，就照以前的办法。

就去行动好了，在过程中找机会再去学习去请教。这样的过程证明结果也还蛮好的，哈哈！

突破思想后，我开口说话没有障碍了

口 成功地克服了娃娃音并追求业绩

我开始克服障碍，努力学会了敢于开口后，发现自己除了卖相不好之外，还有另外一个大问题。因为我毕竟年纪小，娃娃脸也就算了，一开口还有娃娃音，而当导师的人必须表现得沉稳，才会显得权威。谁会想要听一个 90 后的孩子来教导自己呢？在有些人的眼中，一个 17 岁的人还算是小朋友，不可能在专业上有什么高水平，当然不会想要听她讲课的。所以我必须要克服这个缺点，我的方法是开始在家里故意大叫大喊，想办法把嗓子叫哑叫累。

虽然这个办法比较笨，但效果真出现了，我的娃娃音越来越小越少，我的声音开始变得成熟有磁性，这也更让我对自己工作有信心了。

记得，当时同一批进去培训的"美导"薪水都是 1800 元，而我却只有 1500 元。

我明白这是因为我是周董亲自引进的人，周董特地要避嫌，我欣然接受，觉得都 OK 啊。因为我已很清楚，反正底薪不是重点，只要我学会销售后，随便多出一张单差额就补回来了，所以我完全接受周董的安排。

我非常明白，与其争工资靠底薪，不如做销售拿提成。在认识周董之前，我根本不知道什么叫做作销售，只知道做苦工、卖劳力和时间，突然发现讲话就能收钱，感觉真的很棒。现在的我爱上了销售，并立志将销售进行到底。我隐隐感觉到，我这一生的追求及志趣就是"销售"。

口 在东莞被"黑包公"激励出漂亮战绩

那时候的学习全凭死记硬背，把教课老师讲的话都录下来，然后做成笔记再照着背，用最原始但也最扎实的方法来学习。我的学习笔记本都是厚厚一本本一摞摞。

但刚开始，照着心中背下来的内容来讲，感觉讲的拼拼凑凑，结结巴巴的，因为美容专业知识对我而言，实在是有太高的挑战了。记得第一次被派出去讲课，就被"退"了，因为人总是以貌取人的，我是一个小小的、丑丑的、弱弱的的小女生，而第一印象总是先入为主，我看起来就是很不厉害的样子，当场就被人怀疑我的能力了。

面对这个问题，这一次周董帮了我，我的第二次"出征"，是周董把我派到东莞他弟弟的店里去。我总是需要起步的，而他的弟弟是自己人总不会"退货"了吧。

那天我们是两个人一起去的，结果，他弟弟是给了周董面子让我们留了下来，但并没有给我们好脸色。犹记得周刚周总一见到我的样子，开口就骂："派你来干什么呀？我们加盟店的美容师都比你们强，你们等着下去被投诉呀……"他真的还蛮凶的，跟他一起吃饭，能把我吓得碗掉地上，同去的美导吓得第二天就打道回府了，但我坚持留下。若灰溜溜地回去岂不是很没有面子，也真是交不了差。

所以即使被骂得跑去厕所哭，我认为我还是要以报恩的心来坚持下去。一则本来我就是新人，二来周总明明对我非常不满意但因是自己人而没有把我"退"回，他若想用这个方法来让我知难而退也是正常的。

我猜想周总的想法应该是："你条件那么差，肯定不会有销售结果到最后你就会知难而退。自己回去的话，就与自己无关了。"那次，我被派到曾经三个总监都出不了一个单的店，一个下午，见了3个客户，成交2个，一天就创造了将近3万元的业绩，这可是那家店从来都没有过的成绩。我拼了一口气创造了店家半年以来的第一次回款，即使和我的业绩提成也没有任何关系，但是这就我的性格，我认为做出业绩就是风光的事，我证明了我自己是有能力的，我让周总明白不要用外表来评断我的实力。

当时才17岁就被大家叫"老师"，这种感觉真的蛮爽，我也因此得到了激励，觉得信心十足。

第二次下店，凭着单纯的努力、不认输的态度和渴望成功心态让我做了20多万的业绩。我用事实向周刚周总证明了，我可不是像他说的那样无能。我由东莞凯旋而归，心情大好。并且在QQ上说："今后再也不来东莞啦，这个地方一点都不好，周总就是个黑包公、又黑又凶、铁面无私！"其实那是开玩笑的话，现在仔细想想，心中是很感谢他的。因为唯有人逼着你，你才知道你自己有多大的潜力。后来才知道他对他自己的团队也都是这样的高标准、严要求。

现在每次见到周刚周总，我都会很亲切的敬称他为"二叔"。对我而言，他是我的又一个亲人与贵人，真的很感谢黑包公啊！

章节寄语："一张白纸"心态来学习最有效

经历市场的真刀真枪考验，在高压中不断成长的我，专心对美容业的专业知识努力吸收。由人体经络到疾病预防，我努力学习专业知识、项目加盟及疗程细节，对公司的统一培训做深入研究，让以前我想读书的欲望在此得到满足。我是一个没有这方面基础的人，这等于是一张空白的纸，这样学习反而更快，因为自己曾经什么都没有，所以更懂得珍惜。用"一张白纸"的心态来学习，让我学得更快更好。后来，我讲课加上操作，收入越来越高，讲课机会越来越多，我的自信也越来越多，这一切都是因为我在周董的事业里如鱼得水！

17岁之前，我只是个求生存的人；17岁之后，我竟然成为讲师。

很神奇吧，现在想想我也是有种坐过山车的感觉！这段时间，想到我竟有如此神奇的机遇，心中充满着对贵人们的感激，常常连在睡梦中都会微笑呢。

格丽缇的真善美

不努力的人，运气砸来了也接不住。如果这世界上真有奇迹，那不过是努力的另一个名字。年轻人，别嘚瑟，别犯懒，要知道，最投入、最努力的时候，运气最好。may 跟 mico 是香港玫魅（May Mico）国际生物有限公司的创始人，也是深交长达十年的挚友。

2013 年，两人因为学习交流机会和定居瑞士的 KeLi 护肤研究机构研发部华裔专家杨超相识，在和杨超的聊天时候，她们了解到了 EGF 冻干粉。凭借女性本身对美的独特感悟和敏锐眼光和对事物的挑剔，她们认定把 EGF 冻干粉引入日常护肤美容中，这必然会掀起一场伟大的化妆品革命。回国后，通过杨超与瑞士 KeLi 护肤研究机构达成技术合作关系，她们合作创建了香港玫魅（May Mico）国际生物有限公司。

2015 年，may 跟 mico 开创的护肤新品"瑞士进口 EGF 全效修复冻干粉 + 逆

龄还幼玻尿酸套盒"诞生，取名——格丽缇（Gre-Kriti）。该产品能深层滋养肌肤，修复肌肤基底层，起到了美白淡斑，去痘印，缩毛孔，去红血丝，镇定修复敏感肌，晒后修复，激素受损肌，微整创伤肌等功效。

格丽缇凭借着想为每个女性带来美丽的渴望，又研制出了 GRE-KRITI 铂金光感精华乳和 GRE-KRITI 格丽缇水面膜，与冻干粉中的 EGF 一起作用皮肤，消除多余细纹，提拉紧致，多效应对，全效养护，让女人的美丽散发不一样的光彩。

女人的另一个名字，曾经叫作弱者，但是，随着时代的变迁，社会的进步，女性自我的奋斗，女性以崛起以自立，使弱者这一别名，随着历史前进的脚步而逐渐远去！

对于格丽缇而言，能帮助的就是让你的美丽散发出强势的气息。

格丽缇用真诚对待每一位客户，以心换心，用耐心、细心的解决每一位客户的问题，赢得了每一位客户的信任与支持。在众多客户当中树立了一个好口碑，一传十，十传百。格丽缇对高端生活品质的追求和轻奢护肤品大众化的理念，一直吸引着各业优秀女士的加入，在格丽缇的女人都是自己的女王。

也希望格丽缇这个大家庭有更多人的加入，为更多的女性带来美丽。

第三章
CHAPTER 3

压力 = 动力之上海迷航 &
一堂"公众演说"扭转人生！

口 感谢周董给我的大礼：让我 17 岁就学会写"目标 101"

追求健康的"美业"，比我过去曾做过的任何工作都要有意义和价值，这个工作，可以帮助别人获得健康、美丽、幸福，而且，门槛很低，只有你有炙热的梦想、踏实的态度，敢于拼搏和努力，你将会拥有更加丰厚的收入。

当然，我很幸运，加入的这家公司老板和团队都非常的棒，我们的老板周董本身就是个非常爱学习的人，所以，我们公司团队就额外得到了别人得不到的宝贵学习机会。

因为周董每次到外面学完一门课，就会跟我们毫无保留的分享，他一回来就会给团队伙伴们复制课程做培训。在这点上，周董显得特别的大爱，他在外面上课都是要花几十万的，他学回来的东西却愿意免费分享给我们。培训过程中不管是十几个人还是几百个人，他都非常地有耐心而且富有激情，有的时候竟然培训我们到凌晨两三点钟，直到教会我们为止。

我每次看到他这样一个愿意教育后辈们的老板，就很感动，有这样的老板，实在是人生最大的幸运。所以就在董事长的带领下，我竟然在 17 岁就懂得写"101 个目标"，这个影响重大的功课全是周董教会我的。因为我很早就会写"101 个目标"，我深信心想事成，相信事情会成真，接着神奇的事就此不断地发生。周董从外面带回来的种种消息，让我开始向往外面的世界。我感觉到一切都是那么的精彩，所有我没去过的地方我都想去，我就像是一个贪婪的孩子敢于想要拥有全世界一切美好的事物。活在这个感觉里，真的太爽啦。

因为一切都从"想"开始。

口 放大格局：以业绩回报贵人周董的教育！

董事长说、大胆一点，你所想要的一切都会实现，多写一点，反正写也不要钱，万一实现了呢？写了还有 50% 的希望，不写一点希望也没有……我觉得也是蛮有道理的，所以我开始放大格局，我竟然写下了：2018 年我要买保时捷的车子，结果在 2016 年就实现了！很神奇吧，我也觉得不可思议，因为写的时候我每个月只有 3000 元的收入，撑死就是只能买台电动车吧？但我敢想保时捷，结果就是心想事成、美梦成真。我定下了很多 90 后甚至 80 后想都不敢想的目标，还做成了手机桌面，比如成为超级演讲家、要买大房子、要买豪车、当然也有一些现在看起来觉得很渺小的目标，比如买 1 条价值 8000 元的钻石项链、去香港、北京、上海旅游……这些我都做到了。所以在这里送给大家一句非常有魔力的咒语："大胆要求、彻底相信、欢喜接受吧！"我做到了，你也可以！

这一切的收获，全都是因为周董出现在我的人生里，不然我至今仍就是一个打工妹，不然我这辈子就不会感受到月入百万的快感。而且我也会想到，在我小时候若有人帮我的话，我就会过

得很好。可惜在我幼年、少年、青年时都没出现这样的贵人。好在，上天对我还是好的贵人终于出现了。所以，这一生我都不会离开周董，永远要为周董做事，将我所学的知识转换成业绩。为了回报周董的知遇之恩，我在公司打造了一支 90 后的敢死队，我们疯狂做业绩、服务客户，打破了公司的销售记录。后来我帮周董带团队，在半年的督导工作中，公司三分之二的业绩是我带领的团队创造的。

口写"目标 101"决定了我 17 岁闯上海开公司的命运

原以为我的人生已经够神奇了，我已经满足于跟着周董做"美业"，以为我可以就这样过一生了。但是没想到年轻的我竟然会到上海开分司，而这都是因为写"目标 101"带来的结果。

因为很早就上过超越影响力创造奇迹的课程且不断复训，我在 17 岁时就学会了写"目标 101"。上课回来向周董做报告与分享时，看到在我的目标中，我写了这一行"在 18 岁时成立自己的公司"，周董立即就问我："你是否想自己出去开公司？"当下我吓得赶紧解释："没有！没有！这是写着玩的，是因为许老师在课程要求我们写，我才写的！"但周董的意思并不是怕我想创业，相反的，他是赞同我创业的。他说："你写得很好，开公司很好啊。我之所以会问你，就是因为我想帮你完成目标。那你是要自己出去开公司？还是帮公司开分公司？"原来周董是要支持我，我松了一口气。

但是接着我心想，可是我才 17 岁半啊，我能行吗？ 18 岁开公司的话，那还剩 6 个月而已啊！没想到，接着周董就说："那你就去上海开分公司好了。"就这样，原本我已满足于在公司的发展，只是上课作业中写的一行"18 岁要创业"，就成为我人生的又一个大转折点。在周董的指引之下，初生之犊不怕虎的我，就这么大胆地开始计划到上海开分公司了。

口 负债 26 万，只身到十里洋场打天下

既然恩师要支持我，我马上听话照做决定到上海开分公司。我兴奋地问，公司给我多少人？答案是不给，而且原有的团队都不可带走。还有，另外要付 50 万元分公司的代理费及产品费。记得当时我的收入一个月是 3 到 4 万元，累积的储蓄也不过 20 多万。

可是既然做了决定，我就把积蓄全部付给公司，余款写下欠条，也就是欠周董 26 万，形同他借了我 20 多万的货让我到上海来开拓市场。我大胆到十里洋场开分公司，就是在这一段谈话中仓促做的决定。也就是说，其实来上海打天下，原本并不是我的想法，而是诸多神奇的因素加上周董的支持而发生的。17 岁的我背着 26 万的债去闯上海滩，现在回想起

来，仍旧觉得不可思议。

口 不同的人描述出不同的"上海"

当时我身上只带着一万元，只身来到上海准备成立分公司。一切就凭着周董的一句话，在他对一个 17 岁的年轻人的信任下，我背着 26 万的债来拓展上海市场，而之前我根本就没来过上海。当时身边绝大多数的人都反对我这么做，因为对一般人而言，上海是个很难攻打的市场。大家都劝我不要去，都预言我在上海会活不下去。那时的我每月已可拿 3 万以上的工资，如果放弃了，在别人看来不是傻就是脑子进水了。何况，当时我已经知道曾有四个代理商都在上海做失败了。

但周董跟我讲："上海是经济最好、机遇最多的金融中心，是商机最大的地方，是中国富翁聚集的好地方，也是最国际化的地方，许多精彩的人都在大上海，选择去上海打拼能让你看到一个更加精彩的世界。"一千个口中有一千个哈姆雷特，同样，一千个人口中有一千个上海，但是我选择周董所说的上海，所以义无反顾决定去上海。

口 3 个月花光 1 万元做不出 1 笔订单

我的信念是，周董一路都在帮我，他这么见多识广的商场大佬都认为我可以做，那我就不必想太多，我当然也要愿意去做才对。

由于资金限制，没办法租办公室，所以我就改变战略，先去谈客户，有了客户签了订单，再来租办公室也不迟。于是，带着满满信心来到上海，心想靠着我的勤奋及天分，来上海怎么可能穷？我怀着美好的愿望在 8 号线最后一站的市光路附近租了一个月供 2000 元的房间。每天穿着高跟鞋，带着我的全套装备出门。我的全套装备有计算机包、皮包加化妆包，背后再背着重重的资料袋总共近 40 公斤。带着这些"重装备"，我的目标是大街小巷上的美容院，只要一看到美容院就进去推销我们公司的产品，提出加盟的方案。

当时是夏天，热得我经常满身是汗，得不断地补妆。每天清晨 8 点出门，晚上 11 点的最后一班公交车回来。我总是跑到所有的美容院都打烊了，没法进去推销时才死心回来。前三个月我坐公交车跑，但一直跑不出业绩。原因很简单，我们的品牌没有进入上海市场，公司又在深圳，上海又没有办公室，最主要的是我手里没有产品，只有产品资料，再加上身材矮小年纪轻的我，有哪个人会考虑和我签约呢，谁愿意把 30 万加盟费加盟给看着不谙世事的小姑娘呢？就这样 3 个月一家店都没拓展出来，而且还花光了自己带来的 1 万积蓄。

口 流落街头：拉着行李睡了 15 天麦当劳

3 个月的时间，我一笔订单都没有谈下来，而且也没有钱生存了。当时，我每天在整个上海到处跑，前期有钱时就坐公交车，后面没钱了全部用走路。带着"重装备"，穿着高跟鞋，耐着酷热在大街小巷推销我们的产品。

在后面的日子里，我再也没办法向之前那样顾及自己的形象了。每次在进美容院之前要擦汗补妆，盘缠用尽加上身心俱疲，已经是一副狼狈样了，所以业绩就更做不出来了。因为付不起租金只能把房子退了，拿着好心人给我的上海同济大学在四平路的大学宿舍床位单，我去住每天只要付 15 元的床位来安身。但住了半个月后，连这个钱都没有了，结果只好拉着一个装着我所有家当的大行李箱，去睡麦当劳，用毛巾在麦当劳的厕所接水擦身来解决洗澡的问题。

有一次，我准备在一家肯德基过夜，没想到这家店到夜里三点就关门了，那位请我离开的店员很冷淡地告诉我，24 小时都不关门的只有麦当劳，然后我被赶了出来，我也是当时才知道不是每家快餐店都是 24 小时营业的。

口 暗夜独行上海街头：决定执行自杀计划

当时我已经 18 岁了，短短几年间，我的人生犹如坐过山车般，15 岁时还吃不好睡不好，17 岁就成为收入颇丰的讲师，正要享受风光时，却因来到上海开辟新天地而跌入到谷底。在街头扫街做不出业绩，竟沦落到身无分文而夜宿麦当劳。

也许你会疑惑我为什么不求救援，因为我觉得我不能够让周董对我失去信心，对我而言，信任及信用就是生命，所以这期间我不求救，周董来电话问我时，我都说"很好"！因为周董这么看好我，我若说了实话，他对我失望了的话怎么办？他若不让我在上海开公司的话怎么办？所以，我的落魄状况绝对不能让他知道，免得他会不理我了。

那一天被赶出来后，我一个人孤独地走在偏僻的道路上，四周什么都没有，直到天亮我才看到一家早餐店能够让

我坐下来喘口气。我的倔强个性，让我不会向任何人提出求援的声音，拉着行李箱流浪街头的那一天，我陷入了深深的绝望与痛苦中。

当时，我心中决定要执行我早就设定的自杀行动了，既然已决定要采取自杀行动了，我就拿起电话打给周董，因为我要向周董交待清楚才能走，因为我还欠他 26 万，必须要讲清楚后才可以去死。

口 身无分文但去上了"公众演说"课程

电话打通后，周董立即听出我有状况，但他什么都没说，他就只说刚好要到上海来上超越的课程要我去接他。就这样我到机场去接周董，一见到他我就完全没有寻死的念头了，觉得什么都不用说了。因为一看到恩人，我就倍感安心，一切问题都是能解决的。希望或许就在明天，但是我没想到的时，明天竟然如此的美好，让我从人生的谷底一跃站在了金字塔的顶端。

当时，我听了周董的话，去上了一堂很贵的课，就由地狱到了天堂。上课之前，周董言明这次上的课是公众演说，也就是他要我报名一起参加的课，课程费是 3 万 9 千 8 百元，但他并不会帮我付学费，这笔高达数万元的学费只是先借给我，日后要还的。

从进门听课的那一刻，我就明白，我与在座的各位企业家不同，他们是来镀金的，我是来背水一战的，我身无分文，毫无退路，只有借此机会来翻身，改变我的命运。

口 3 万 9 千 8 百元的学费翻转了我的人生

结果真是"心想事成"，几天之隔，人生翻转得如此悬殊，真是不可思议。许多人说："一句话改变一生，一堂课改变一个人……"听起来好像是过度乐观的说法。

但几天之后，我才知道，这种说法是千真万确的。因为它就发生在我身上了。这个3万9千8百元的课程果真是我的救命稻草，前面几天的课程激发了我的斗志。到了最后，我告诉自己，我要把握住最后一堂PK大赛课来改变我的命运。经过超级操劳疲累的4天课程后，终于进入了最后PK大赛的环节，当时我面对几百个企业家，用8分钟来说我的梦想。我说我已经3个月没业绩、没钱吃饭、没钱租房，这都是因为我失学的结果。

做梦也没想到，当天我成为了比赛冠军，现场成交了103位愿意协助我支持失学儿童计划的学员，让我感受到从来都没感受过的重视，当时心情特别激动，也特别想要感谢周董给了我这个机会。

□ "演讲"与"销售"救了我的人生

回顾这神奇的际遇，就只因为在我最低谷的这时候，我的贵人周大森老师带我进了超越的教室，告诉我要学习演说，要学会批发式销售。

当我看到台上的老师用演说创造的奇迹时，觉得不可思议。看到他们的成就与光环后，我坚信我也可以，我立刻做下一个决定，我要学会演说与销售，我要用演说与销售创造我生命中的奇迹。因为我受够了当时的现状，我告诉自己："我要改变，我要改变，我一定要改变！"

就在那个瞬间，我被点燃了，我的人生发生了巨大的改变。我知道，发生的一切，不管好坏，都是上天所赐给我的礼物。

我告诉我自己，如果我没有死，只要我活着，我就要拼全力去改变我的命运，同时去帮助更多和我一样的人。我渴望点亮和我有同样处境的人的生命力，我渴望赚很多很多的钱，证明给父母看，即使是女孩子依然可以光宗耀祖，改变家族命运。

同时，我告诉自己坚信自己，坚持到底，只要有一口气在就永远不放弃。老师告诉我：成长比成功更重要。所以我开始学习，开始成长。

口 "吸引力法则"创造奇迹：一次成交 900 万

神奇的事就这么发生了，我得了冠军，打败了现场众多的前辈及高手，且成交了 103 个人。而这 103 个人当中，竟有许多是美容院的老板，其中一位手下就有十几家连锁店，所以我又同时成交了 30 个加盟商。

一次成交了 30 家客户，这真是不可思议的奇迹。

在此之前，我的销售工作都是一对一的说服，非常辛苦，这一次，一次公众演说就有了这么多的客

户，这次体验让我感受到了一对多销售的魅力。30家加盟商，所有加盟商的加盟费是900万，仅仅在台上8分钟，我就做到了。

感谢周董借我学费，逼我来上课，让我几天之内激发出所有的潜能。

通过这次演讲，扣除成本我共得到的提成是120万，这是我人生第一次月入百万，而在几天前我还拎着行李箱睡麦当劳，你能相信这种事真的发生了吗?

我简直不敢相信它真的发生了，而这就证明了课程中所说的"吸引力法则"是千真万确的。

口 "一个人可以什么都没有，但也可以很快什么都有!"

我的人生从此一帆风顺，由于在超越课程里我比赛获得冠军，得到了很多人的认可，也让我对培训更为认同，并且对梁老师、许老师佩服得五体投地。这堂课带给我的震撼是一个人可以什么都没有，但也可以很快什么都有。只要学会公众演说及一对多的销售秘诀。

当然，我知道当天我的成功与周董有关，学员会想，我的背后支持者是有实力的周大森，所以我认为我的那次破冰的大成功还要归功于周董。我最要感谢的还是他，人生最可贵的，就是贵人，我庆幸我跟对了人了。

这堂超级激励人心的课，犹如为我打了鸡血，让我成为比赛冠军并且在台上立即成交了大笔的业务，这堂课后我对未来又充满了希望。但是如果没有明师引领我进入教室，如果我没有决心要改变，那么今天的我还会是个美容师吧。

"一个人可以什么都没有，但也可以很快什么都有"竟然就发生在我的身上了，一堂课真的能扭转一个人的人生！

微商大咖——李振海

2011 年的时候，为了建新房，我身负二十多万元债务，后来去深圳一家工厂做保安。一个月工资两千多点，当时每个月都要还信用卡的钱，每日我最头疼的就是去找谁借点钱。过得相当狼狈、落魄。2013 年我的女朋友李彭莲接触到一个新兴行业叫做微商，她经过两个月的学习，发现这是个很有发展空间的行业，于是也鼓动我一起去做微商。从 2013 年底开始尝试，到 2014 年的 5 月份，我们赚了人生的第一个一百万，生命从此发生大转折。后来，我们又接触到一款很好的妇科产品，毅然加入到肽来公司。通过我们的努力打拼，短短一年半的时间，我们组建了上万人的团队。在自己创造了上千万财富的同时，也帮助很多跟随我们一起打拼的伙伴成为了百万富翁，今天，我和李彭莲又在上海八佰伴商圈某高档写字楼成立了自己的公司。我相信，未来，更美好。

我的企业是一家立足于健康产业的公司。企业的价值观是：健康成长、忠诚、团结、贡献、诚信。我最重视的人才最基本的品质是忠诚，人品比能力更重要。一个忠诚的人，哪怕能力差一点都无关紧要。企业的愿景是：打造大健康产业平台，让天下人都能够安康富足。

我眼中的园园老师是一个很有智慧，也很有拼搏精神的当代女性楷模。我从她身上学到了很多，她的演讲能力不在徐鹤宁老师之下。

假以时日，中国乃至世界培训演讲行业 必将升起一颗冉冉红星，那就是园园老师。我最想对园园老师讲的一句话就是：培训行业可以改变很多人的命运，你就是他们的生命导师。

这是一本神奇的书，它可以让你开悟思想，提升格局，使你的人生境界再次升华。

第四章
CHAPTER 4

目标教练 & 拜师奇遇

口 成为"超越极限"的目标教练

一堂"公众演说"的课扭转了我的人生。上台得了奖，有了客户，我想我的好日子终于来了。

一场演讲就让我有了 30 家美容院做基础，我只要把这几十家店服务好，凭着中转介绍我就可以成立我计划中的公司，打造自己的事业团队。何况公司的申请证书也刚好批了下来，我可以在上海当老板了啊。

但我的老板梦只圆了一个月，接着周董就给了我新的任务，竟是要我到"超越"做业务，参加他和许伯恺老师的目标教练的计划。

当时，我完全不明白周董为什么让我这么做，我的目标本来就是来上海开公司，看着一切正朝着自己想要的方向前进，为什么周董不让我专心做公司的业务，而是要让我去"超越"当个业务员做目标教练，仍旧要重新开始。我觉得，我已经是月入百万的人了，我何必要和一群小业务员小打小闹地一起学习最基础的课程呢？所以当时我内心是非常不情愿的，可是我的听话照做习惯让我接受了周董安排的任务，开始跟着许老师学习培训公司的业务及学习销售。

也就是我只当了一个月的老板，还没有过够老板的瘾，恩人周董又给我新的任务了，我只好将我的客户全交给公司总部去经营，而我就开始专注于超越的课程了。

口 参与了"超越极限"的巅峰期

但事后想来，我非常幸运，因为周董要和许伯恺老师一起打造 3000 个目标教练，要吸纳各种人来做推广，所以那段时间正是"超越极限"的巅峰期。公司刚拍了电影，教室里的气氛是那么的疯狂与狂热，我也受到了这种气氛的感染，也对自己能投入其中感到兴奋。

记得那时梁老师和许老师发出豪语，计划要亲自培养人才打造完美目标教练。结果果然吸引了全中国各个地方的人才，当时，参与目标教练培训的人数约有四千人。我就是第一批中的一员，后来都是几百人一批的加入培训。

那是一段全方位充实学习的美好日子，在密集培训中，每天老师都很尽心尽力地培养我们怎么讲话、怎么销售、怎样沟通、怎样演讲。在教室里讲完就安排我们出去参加峰会，面对群众学习现学现卖，学习销售，旨在收回现金。因为听从周董的指示，让我对"超越"的参与越来越投入，从此我的生活就是演讲与销售，演讲与销售就是我的生活及生命。

口 成为硕果仅存的目标教练

可惜因为诸多原因，目标教练最终繁盛了一年多后走入了末路，直到后来只剩下我一个人。这一年多的时间里，我亲眼目睹教室里从人潮涌动、摩肩接踵，到稀稀疏疏，直到最后竟然只剩下我一个人。

硕果仅存的我，变成"超越"最忠诚的业务员。当大部分目标教练都走了的时候，我也曾私下盘算过，是不是我也该走了，但是由于周董已经是许老师的入门弟子，他们的关系越来越近，这使得我更走不了。虽然过去的一年里，我全身心地投入到目标训练中，但是收入并不可观。在超越极限担任目标教练的三年里，收费 2180 元的课程销售虽然能产生点业绩，可是这种收入是有限的。最终，我曾经做业务赚下的一百多万的积蓄在三年内花得已经差不多了。

但是让我欣慰的是，我是目标训练所有业务员中成长最快、收获最多的一个，因为整个计划从开始我就参与，而中间不断的课程及磨练，让我的见闻层次有所提升，这些丰富多彩的人生经历是用金钱买不到的。为此，我仍旧留在超越，坚持做一支属于自己的核心团队。

何况，到后来周董让我也拜许老师为师。既然我和许老师已有师徒关系，我与周董也就成为师兄师妹，这让我们成为一个很难分离、越来越紧密的关系网。

周董对我说："不管别人走了没有，你不能走，你就待在那里，你要学习、要成长。"想想也对，我的人生轨迹十分奇特，很年轻就做了美容学徒，然后是快速的角色转变，由美容师、导师、督导成为老板。但周董为我设计的人生道路，是让我接触不同的商品，从熟悉培训课程到接触社会上高层的企业家，由原本的名不见传的业务员到成为能站在万人会场的主持人。

现在我明白这样的安排对我而言，是对我最大的肯定。周董要我也拜许老师为师，因为："你拜我的师傅为师，你的人生会有更大的改变。"周董真是我生命的贵人，他从来不会担心我变得强大，而是一有机会就要我继续成长。

口 奇人异行：我的师父许伯恺

我能拜这么优秀的许伯恺先生为师是我毕生的荣幸，而且我的师傅也是有故事的奇人，越认识、越了解师父，就觉得师父是个如此严谨又严厉的人。他对弟子严格，但对自己更严厉，有时候，我甚至觉得他到了有点自虐的程度。比如：不管是几点睡觉，但是到了早上7点一定起床，即使他早上5点才睡。起床后，他请专业教练到他公寓楼下的健身房指导他健身，每天都要运动一个半小时。教练要他跑步、俯卧撑、举哑铃，教练要他做几个他就做几个。这种有如军训般的严格训练已经持续了好几年，即使他累得在地上趴着，也必须坚持按照教练的指令完成健身的项目。

我要向师父学习的地方太多了，最需要学习的就是他的坚持。师父每天写500字的公众承诺，已经写了500多天，没有一天间断过。这种坚持的品德及毅力或许就是他成功的重要原因之一，我每当觉得自己很疲累而想放弃时，就会想到师父已经这么成功了还这么拼，我就会反思，自己的辛苦又算什么呢？我的努力还不够，还要以师父为标杆，为榜样。师父神奇的事是说不完的，但其中一个一定要说给大家听，就是他是一个"八爪章鱼"，长袖善舞又能兼顾。通常他可以一天处理20个活，别人可能只做一个案子就累了，他竟然胸有成竹地指挥若定，一个人处理20多个案子而一点也不急躁或忙乱，真的

让人很敬佩，我好想学会他的这个本领。

口 矢志要学会师父的绝活：即席演讲

师父的众多优点中，不得不提的绝活是他的即席演讲。

师父的舞台演讲魅力远近驰名。我认为这种本领，只能说是神赐。因为只有我们这些一起工作的人才知道师父上台前的真实画面。他很少是一心一意地在等待上台，超级忙碌的他在上台之前，不是还在指挥案子就是在与人开会讨论事情，甚至有时上台前还会小眯一会儿，但只要通知时间到了，他就能马上上台且张口滔滔不绝。即使前一秒钟他是在睡觉，但下一秒钟他就是个舞台上的"活龙"。

我曾经问师父如何能做到，他的答案是"只要你一上台，你就会知道说什么"。而且师父也是这样严格地训练我，经常没有告知就临时让我上台讲话。他说："你只要勇于上台，你就会被自己催眠，讲着讲着，就知道自己能说什么。"最开始，我也被吓得直哆嗦，但是后来我竟被师父训练得很成功，任何时间被叫上台都不畏惧，都能够开口讲话。

师父说得很对，上台后你就知道自己要讲什么。有时候，我听过师父刚才讲的道理，请他再说一遍，但他从不会重复给我听，因为他很直接告诉我："我忘了。"久而久之，也养成我全神贯注的本领。这一套本领让我慢慢地悟出了其中的要领，师父给我机会要我学，我也矢志要学会师父的绝活——即席演讲。这种神奇的技艺，唯有这样的奇人才能教会我。

师父有太多优点和传奇经历，让我心生敬佩，他的正直与坚持，让我佩服得五体投地；他的观念与思想都是对人生非常有益的，这也让我决定此生要在他身边倾尽弟子的能力来向他学习及报恩。

口 护犊师恩深，师门目标大：传承 3000 年

我们感受到师父对弟子的重视，见识到师父在弟子身上花费了大量的时间，他们的倾尽付出让我感动。

无论师父工作到再累再晚，只要弟子发信息，他就第一时间回复。我在他身上看到这种师门的情怀并深深为之动容。他对弟子要求严格，但也很有耐心，了解每位弟子的需求。他在责备弟子时披头盖脸地骂，且你不可以说一个"不"字；但是师父也很爱护弟子，有强烈的护犊情怀，他可以责备弟子但不容许任何外人来欺负弟子。拜师，让我感受到归属感、安全感。

师门带给我智慧、安全感、成长与家庭般的环境，让我找到了从未有过的温暖与归属感。我与我的师哥师姐们虽然没有相同的姓氏、血缘，而且来自不同的地方，有着不同的经历，但是我们在同一个屋檐下，属于同一个师门，有着同样的梦想、愿景、未来。我们为了共同的梦想而奋斗，并立志将我们这个大家族的梦想传承下去，与此同时，这也是我们师门的远大目标，我们志在传承3000年。没错，我们师门是有着远大目标的，我们志在传承3000年。

口 拜师的额外收获：100位兄弟姐妹

我信赖周董的指令，为学习在所不惜，我明白这样的代价是值得的。拜许伯恺老师为师父后，我的人生就进入了另外一种神奇的境界，拜师让我获得了许多额外收获，而且我亲自验证了世界上真的可以有比亲生血缘关系还真切的情同手足关系。

我在"超越"上课多年，但再怎么上课和台上的老师就只有学习关系，而拜了师之后就有了很大的不同，有了归属感。拜师之后，师父给予我们更多的生活照顾及关怀，还会对我们的生活和事业给予指导，我们就是师父的孩子，在他强大羽翼的庇护下苗壮成长。

拜师让我和100多名弟子之间产生了一个连结，我们本来是无关系无血缘的人，但是现在彼此成了兄弟姐妹。我们彼此关怀，来自全国各地的手足们只要来到上海，必定会带着他们的故乡特产来看我，关心我生活上是否能过得习惯，更常到我家来聚餐、做菜做饭。我们彼此没有利益的交换，也没有厉害关系，是一种亲近的、纯纯的情和爱。很多时候我人在外面忙，但我的家里有许多宾至如归的师门手足把我的家当成他们自己的家，而我也特别喜欢这种感觉。

口 师门里的正能量、善循环

我感谢师父让我又得到了 100 个手足的爱，而这就是从小我梦寐以求却不可得的。

拜师让我得到人生的指明灯，照亮我的事业道路，而且还让我得到来自全国各地手足的关心，让我感受到从未有过的家庭温暖。如果我没有拜师入门，就不会知道在这个世界上，会有这么美好的关系。我知道我能得到这样的手足情也是因为我是值得的，我们互帮互助，相亲相爱，共同进步。

师门规矩很严格，重视辈份，不分年龄，以谁先入师门为长，必须按入门先后尊称师姐师哥，辈份大于实际的年龄。但后来拜师的师妹师弟，通常都是年纪比我大、成就比我高、苦也吃得比我多的高人，他们都是我学习的对象，所以我非常喜欢为他们服务。

我明知我的辈份很高，虽然我身为师姐，但是我年纪小又活泼，性格开朗，天生没有架子．就常常成为主动做事愿意跑腿的人。

每次我由师门手足那儿得到各种贴心的关心及稀奇的礼物，就异常感恩，因为这些是亲生姐妹都可能做不到的事，这是一种正能量的、善的循环。

□ 跟着师父向世界大师学习

这一段密集学习的日子里，我累积了高高一叠的笔记本，笔记的内容还有戴蒙、约翰可提斯这些大师的讲课。

小时候，我买不起最便宜的本子，现在买本子，都买最高级烫金的本子。我也终于理解了"书中自有黄金屋"的真正含义，这些本子里记下的知识，由目标101到销售的秘诀，等同黄金、钻石。这些一本又一本的厚厚笔记本就是我的宝贝。有人说："不学习的女人，一生就会有穿不完的地摊货，逛不完的菜市场。"今天我能住在上海外滩的豪宅，开保时捷全是因为贵人提携进入了学习的领域。越是理解到我的幸运，我就更加的鼓舞和鞭策自己。

我要让大家知道："只有学习才能改变命运，只有学会销售才能创造奇迹。"由失学到有机会学习，由向周董学习做人处事到向梁老师、许老师学演讲本领，这几位贵人接二连三把我带领进世界级大师的教室，这是我做梦都无法想象的事。这都是跟对人、懂得拜师的恩赐。

我英语能力不好，但通过老师们，我一样学到了世界一流的知识，这让我的销售能力倍增。我珍惜每个学习的机会，并在世界级销售大师的身上学到更高深的本领。

在上海迷航了3个月，一堂课让我峰回路转，进入演讲销售世界，在超越极限的带领下进入了高层次的世界，接着我又能在许伯恺师父身边近距离学习，我的人生是如此的幸运，也终于释怀曾经吃过的所有苦。

口 你的成就不会超过你的领导力

更要感谢梁凯恩老师教会了我"领导力"的重要。

公众演说逆转了我的人生，因为在公共演说课上，梁凯恩老师的演讲，摒弃了我之前错误的认知。以前我认为穷困的人只有靠勤奋努力才能翻身，要靠忍功及认命，但梁老师一而再、再而三地告诉我们，成功靠的不是财富与运气，靠的是"领导力"及"团队"。他以他的亲身经历证明了"领导力"及"团队"确实可以扭转乾坤。

梁凯恩老师是一个忧郁症患者，而且高中读了9年都没有考上大学，曾经自杀过两次，但是却在40岁时，投资拍摄了电影、电视剧，还邀请到了香港著名影星谢霆锋、张卫健做主演。

此外，还在江苏卫视和山东卫视都办了自己的电视节目，并在上海8万人体育馆办了56000人的演讲会，他的经历刷新了各行各业的纪录，他在10年

之内刷新了 23 个世界纪录以及行业纪录。梁老师将取得的这一辉煌成就归功于自身的领导力，能够领导一堆顶尖的天才为他卖命，能够吸引一堆的超级智慧大师，以及成功者与他们合作。

在梁凯恩老师的身上，我彻底地学习并见证了领导力的魔力，他说要做一个让人刮目相看的人。而如何让人刮目相看呢？他通过大师们的课程，学会最顶尖的销售及演说。他说："我曾经因为不懂得经营管理，导致公司数次倒闭。这是上天给我的大礼，让我领悟到'领导力'才是成功最重要的关键，你的成就不会超过你的领导力，因此我花了10 年以上的时间专注学习领导力，而且我还会终生继续学习下去。"

可以领导别人的人，做什么都能成功。所以，当他以"领导力"为目标来进行销售之后，就屡创记录，拿下行业中的销售冠军并创造数亿的产值。事实上，最有魅力的销售，动力就是领导力而非金钱数字。

口 帮助团队完成目标，就是帮自己完成目标

在梁老师身上，我还学到了一个非常重要的观念，那就是：一切的努力不仅是为自已创造财富，也不仅是只让自己拥有满意的物质生活，而是要帮助团队一起成

功。更贴切地说，团队共同的才能才能够创造更大的成功，这是一个互为因果的关系。超越极限重视培养团队，因为团队力量决定成败。

我看到梁老师不但在超越极限里持续地打造人才组建团队，更积极地为许多企业打造最顶尖的业务团队。他总是大声地说："团队！团队！决定一切！"事实所证，所有梦想的实现都要靠团队，一个人能吸引什么样的人才，怎样带领团队走向成功？就是要靠自己的领导力来组建团队。梁老师最自豪的就是："我打造行业中最卓越的天才团队，并且持续吸引更多顶尖的人才和有实力的企业家，打造亚洲最顶尖的学习平台！"

一个人除了家庭，除了爱人，还要有伙伴。成功来自于你身边的这一群人，你身边的人越成功你就会越成功；你身边的人越差你就会被拖累，身边的人越好你才会越好。

因此，一个成功的领导者总是积极帮助伙伴实现目标，一个人的团队格局就是一个人的格局，不为自私自利的目的而是为团队而奋斗，梁老师这样的人生境界让我非常地向往，因此，我也决定要打造自己的顶尖团队。

口 组建超级战队

说真的，如果我有一个梦想，但我的团队很糟，那我的梦想就是个梦；如果我有一个梦想，但我的团队很强，那我的梦想即可实现。在梁凯恩老师的带领下，我也学习到了要组建自己的团队，不跟年龄有关，只在乎自己是否有梦想。现在的我拥有最重要的黄金搭档王顺老师，我们全部都是 90 后，我们的目标是在未来的 10 年中，震撼整个亚洲，成为最有影响力、最有代表性的 90 后卓越企业家。我们将彻底发挥 90 后的天分，创造一个伟大的商业帝国，要让更多的人得到正能量的影响，并且帮助更多的人实现自己的梦想。

王顺老师虽然是 90 后，但却从事教育培训行业已超过 7 年的时间，有着丰富扎实的演讲经验。他就是我们口中常说的高富帅，他虽然成长在富裕的家庭环境，但他令人敬佩的不是他富二代的身份，而是他的吃苦耐劳、奋力向前的态度。有着这么多丰富演讲经验，却能够放下身段，再一次提升自己的标准，这让我感受到成长的重要性。

王顺老师现在和我一起负责一个项目，3 年之内我们要做到 76 亿的营业额，追随大爱堂集团董事长周大森先生帮助 1 亿个家庭喝上健康的好水，让亿万人的生命健康美丽幸福，这是大爱堂集团的使命，也是我们前进奋斗的方向。

我也相信接下来的 3 年内，我们会非常地忙碌，但我甘愿奋斗 3 年，让自己对这个社会有所贡献能够帮助他人。人的一生不应该只为自己活着，不应该自私地活着，应该帮助更多人实现自己的价值。我也相信，在未来 10 年、30 年甚至 50 年的合作生涯中，我们将彼此携手并进，成就我们的未来。

因为有胆量、有策略，而且有结果，接下来不管发生任何困难都要携手前进，当然在我们的团队中，有很多的 80 后、70 后，甚至 60 后和 00 后，只要是人才，我们都愿意一起合作，不在乎谁为谁打工，只在乎将上天赐予我们每个人的天分与才华能够发挥到淋漓尽致。让自己创造自己生命中的奇迹，在接下来的 5 到 10 年内，我只有一个宗旨，就是将团队的目标全部实现。懂得为团队的目标而奋斗，团队才可以为你而卖命。生命，就是相互的合作，如此而已。我们热情欢迎你的加入，我们看好你就像看好我们自己一样！

玫瑰炒尖椒
上海 浦东新区

口 师伯陈霆远用心为我策划 2000 人的庆生会

进入许伯恺的师门后，陈霆远老师名正言顺地成了我的师伯。在他的身上，我不但感受到智慧长者的谦虚，更多的是感受到家人般的关爱与温暖。

2016 年的 6 月 23 日，是我人生最隆重的一次生日。

"超越"在云南昆明课程会场上，最后一天刚好是我的生日。我正在前前后后忙着，突然听到叫我上台，我惊喜地发现，竟然是师父亲自上台帮我庆祝生日。整个庆生场面，都是师伯陈霆远非常用心策划的。舞台上推出了为我准备的生日蛋糕，还有鲜花，那天，我收到了这一生中最多的花束，非常感动。现场有学员 2000 人，大家一起为我唱生日歌的时候，我很是感动。没想到师伯竟然在现场还帮我征婚，他拿着麦克风热情地向所有学员推销："这是超越极限最好的弟子，是未来的接班人，是老师最看重的 90 后明日之星，喜欢她的人赶快来表白示爱。"

这样的公开征婚，已经让我又感动又害羞，没想到师伯竟然继续在夸我，还当场保证："谁娶了她，我保证就可以少奋斗 30 年，有心人动作要快！"当时，正吃着蛋糕的我差点被噎到。这也让我真切地感受到他们真的把我当做自己女儿来照顾了，此生能得到别人这样的关心，我铭感五内。

想想小时候想得到却得不到的生日祝福，在今天通通得到了，而且还场面这么盛大、精彩。这个场面让我又明白了所有的付出都会有回报的。

口 诸葛亮般睿智的陈霆远师伯

昆明这场庆生会后，我越来越觉得是上天派陈霆远师伯来补偿我童年父爱的缺失。

陈霆远师伯对各行各业都能筹谋论策，是公司里的策略长，无论遇到任何挑战或危机，他总是能想到对策，让人觉得他就像是一位现代诸葛亮。而且他对大家都是如此的友善，他总是非常认真地聆听每个人的故事，对每个人都提出他的真知灼见。当我知道他和梁老师的故事之后，更觉得他也是个传奇。2004 年，当时的超越极限是只有 18 个员工的小培训公司，每个月营业额不到 100 万人民币，但就在当时梁老师就定下了要到上海办一场破500人的演讲会的目标，而当时的实际情况是他们只办过5百个人的演讲。为了实现这一终极目标，他们希望能够吸引到一位懂得建立国际品牌以及办大规模活动的顶尖人才加入他们的团队。

结果吸引力法则就出现了，2004年年底，梁老师们带领100个学员飞到新加坡参加安东尼·罗宾的走火大会时，就结识了陈霆远老师。别人觉得遥不可及的5万人演讲，却当下得到陈霆远老师的认可，他决定要和梁老师一起来完成这件事。

而陈霆远老师加入超越极限后，也彻底发挥自己的行销天才，成为强而有力的策略长。2005年协助完成一场3145人的演讲会；2006年在林口体育场举办了12000人的"别说不可能"超级演讲会，这都是台湾地区培训业有史以来最大规模的演讲。2007年，陈霆远老师鼓励没有任何出版畅销书经验的梁老师写出如何走出抑郁，并且重拾自信，迈向国际舞台，从低潮到巅峰的人生故事，此后梁老师由此建立了知名度与影响力。接着陈霆远老师的创意策略就是让超越举办领先业者的领袖峰会。领袖峰会在三天的时间内系统地与学员分享最顶尖的知识，这一策略让超越进军上海两年后，年营收就突破亿元人民币大关，创造业界无人能比的记录。

口 向 3 位生死之交学习与致敬

梁老师说过："若没有师伯陈霆远老师就没今天的超越。"而许伯恺老师说得更感人，他说："人的这一生中，到底有多少人可以成为你的生死之交？到底有多少人是值得你可以用生命去交换的朋友，我真的很幸运，因为我有梁凯恩老师，还有一位就是陈霆远老师，他们都是我这一生中值得用生命去守护的人。"

而我一个名不见传的小姑娘也很幸运，能有机会同时拜这 3 位生死之交为师。尤其是陈霆远老师对我犹如亲生子女般地关爱，给予我关怀和诚恳的建议指导，引领我得到更快速的成长，他心甘情愿倾囊相助，真的让我非常感动与珍惜。我只有更加努力地学习，致敬亚洲行销之神。我还要向我敬爱的师伯学习他的睿智及博学，更要向 3 位生死之交学习与致敬。

宝妈蜕变记——陈晨

　　我是一位双胞胎宝妈，为了给两个孩子更好的生活，赚奶粉钱，加入了可以让我一边带孩子一边赚钱的微商。没有想到在短短一年时间，一不小心，不仅改变了家庭的命运，月收入过百万，还运用公众演说的方法，在微信上分享我的故事和方法，帮助超过一万名曾经和我一样迷茫的宝妈走出人生的困境，在家就赚到了让老公都刮目相看的钱，活出自己的精彩人生！

　　我最重视的价值观就是感恩，因为我知道感恩之心离财富最近！我有明确的目标就是：成为一个和我的师父——亚洲第一潜能激发大师许伯凯老师一样的人，可以点亮别人生命的超级演说家！我的使命就是用我的演说传递爱与希望正能量

　　能够认识园园老师真的很开心，同为师门一家人真的很幸福，她是一个非常努力、坚强、可爱的女孩！而且演说非常非常的棒！她的演讲非常感动我，她的经历让我明白，人生中的任何困难都是上天赐予我们的礼物！真的非常地喜欢我这个小师姐，小小年纪的她无数次在台上的演讲打动到我，也很心疼她，希望她可以找到一个有爱又有才华的白马王子来爱她，一生幸福快乐！

　　我想对所有的读者说：你要记得你的生活是你说出来的，所以只要你想要的，只要付出行动，都可以实现，我是米妈，我在前进的路上等你！

快乐的米妈

第五章
CHAPTER 5

向世界级大师学习

口学无止境，一山比一山高

我年纪虽小，但是经历神奇。我由失学到有机会学习，由向周董学习做人处事到向梁老师、许老师学演讲本领，这几位贵人接着又把我带领进入更多的世界级大师的教室，这都是我做梦都无法想象的事。这都是跟对人、懂得拜师的恩赐。我珍惜每个学习的机会，并在世界级销售大师的身上学到更高深的本领。

我英语能力不好，但通过我的老师们，我一样学到了世界一流的知识，这让我的销售能力倍增。我见证到我的老师们向他们的老师们学习时的认真，这让我意识到谦逊认真的重要性，人还需要有一个学无止境的心态。

人生真是一山比一山高，越明白这个道理，就更能够求知若渴地学习。

我向这10位大师学到的最多：

1/ 屠呦呦 2/ 马云 3/ 本杰明·富兰克林 4/ 安东尼·罗宾 5/ 马克·扎克伯格 6/ 乔·吉拉德 7/ 巴菲特 8/ 汤姆·霍普金斯 9/ N. 克莱门特·斯通 10/ 弗兰克·贝特格

屠呦呦

口 "名" 副其实的 85 岁老太太得诺贝尔奖

2015 年 10 月 5 日，一位 85 岁的老太太让中国的各大新闻网站、朋友圈都被刷屏了，这是怎么回事？哇，我真是被震撼到了，85 岁的中国中医科学院研究员屠呦呦获得 2015 年诺贝尔生理学或医学奖。

这是诺贝尔医学奖历史上首次奖励寄生虫疾病的治疗领域，也是首位获科学类诺贝尔奖的中国人。

一时间，媒体蜂拥而至，争先想要采访这位 85 岁的老人。屠呦呦却显得无比平静，她只是说"青蒿素的发现，是中药集体发掘的成功范例，由此获奖是中国科学事业、中医中药走向世界的一个荣誉，这项荣誉属于中国科学家群体。"

屠呦呦（1930 年 12 月 30 日——）的名字出自《诗经》"呦呦鹿鸣，食野之蒿"。宋代朱熹注称，"蒿即青蒿也"。名字是父亲起的，当时，并没人预料到诗句中的那株野草和这个女孩的一生竟然完全相关，她的父亲当时不知道自己已预言了女儿的人生成就。她的名字，就是她"名"副其实的预言。

口 锲而不舍：190 次失败之后的成功

屠呦呦考入北大医学院时就和植物等天然药物的研发应用结下不解之缘。

从 1955 年进入中医研究院（现为中国中医科学院）。屠呦呦入职时正值中医研究院初创期，条件艰苦，设备奇缺，在做青蒿素动物实验时，曾发现有过性转氨酶升高等现象，屠呦呦和她的两位同事决定亲自试服，证实了药物安全，然后才投入临床给病人服用。当时的科研条件简陋，环境差，盛放乙醚浸泡青蒿的大缸，时时发出刺鼻的气味，长时间吸入这一刺鼻味道，屠呦呦得了中毒性肝炎。

除了在实验室内"摇瓶子"外，她还常常一身汗两腿泥地去野外采集样本，先后解决了中药半边莲及银柴胡的品种混乱问题，为防治血吸虫病做出了贡献，除此之外，屠呦呦结合历代古籍记载，完成《中药炮炙经验集成》的主要编著工作。

□ 人生要永远不满足于现状：科学研究不是为了争名争利

为什么屠呦呦可以在平凡岗位上大有作为？

或许我们可以从她说过的一句话中找到答案："一个科技工作者，是不该满足于现状的，要对党、对人民不断有新的奉献。"

她还说："科学研究不是为了争名争利。"

当时，条件艰苦，工作待遇低，但是大家的工作都非常努力，从不考虑个人利益问题，而是自觉来加班，加快推进工作。屠呦呦说："这是中医中药走向世界的一项荣誉，它属于科研团队中的每一个人，属于中国科学家群体。"

屠呦呦还强调中医中药是一个伟大的宝库，经过继承、创新、发扬，它的精华能更好地被世人认识，能为世界医学做出突出的贡献。用现代科学手段不断认识中医药，这是我们这一代和下一代科研工作者的责任。

我在她身上学到的是：1971 年就有的突破，但在 44 年后的 2015 年 10 月 5 日，才让屠呦呦收获了诺奖。一个伟大的事业，要等待 44 年才有公众的认可，在此之前，谦虚的她默默地继续研究，这种胸怀让我心怀敬畏，并提醒自己，不管再怎么努力再怎么投入，都要有她这样长达 44 年"天下无人问""不患人之不己知"的耐心。

屠呦呦语录：

◎ 一个科技工作者，是不该满足于现状的。要对党、对人民不断有新的奉献。

◎ 科学研究不是为了争名争利。

◎ 得奖属于科研团队中的每一个人，属于中国科学家群体。

◎ 中医中药是一个伟大的宝库，我们要让中医的精华能更好地被世人认识，能为世界医学做出更大的贡献。这是我们这一代和下一代科研工作者的责任。

马云

口 教学相长：成立英文翻译社

今天的马云是电商界的翘楚，在中国商业领域内备受瞩目，可是你知道马云的过去曾是个翻译社的老板。

在他的学生时代，他是数学弱智，他是英语奇才；个子不高，但志气很高；小时候很瘦小，但是很会打架，这是马云对自己儿时性格的一种描述。看他日后的表现可窥见一斑，瘦弱的身形并没有影响马云的"骁勇善战"。小学他念了七年，中学念了三年，高考考了三次，小时候的梦想就是要进清华、北大。也有为国家做贡献的使命感，但三次没有考上清华或北大。

他从来不是好学生，但也不是坏学生。用马云自己的话说，他的学习成绩在班级从来不是最好的，一般在十几名，而且数学极差，往往不及格。

马云经常去西湖边老外多的地方，凑上去和那些外国人讲英语，不为别的就是和老外练口语，有时也会充当一下英语导游。马云一有机会就在街上逮着外国人开练英语，从来没出过国门，但13岁时就能给老外当导游，用自行车带着老外满大街跑了。

口 投入网络事业：即使失败也要开始做

1988年，大学时代的一帆风顺使得毕业之后的马云顺利地进入杭州电子科技大学当英语老师。

但是他并没有安心做一个普普通通的英语老师，而是很快地创业了，成立的是声名大噪的"海博翻译社"，他认为在学校里接触的都是书本上的知识，所以很想到实践中辨明是非真假，所以他打算花10年功夫创办一家公司，再回学校教书，把全面的东西再传授给学生。

他认为真正想赚钱的人必须把钱看轻，如果你脑子里老是钱的话，一定不可能赚钱的。无心插柳柳成荫，1994年底，马云受客户委托去美国办事，对电脑一窍不通的马云接触到了他完全不懂的网页，当时的马云只是想把自己的翻译社做成网页上传，没想到，3个小时就收到了4封邮件，敏感的马云当下意识到：互联网必将改变世界。

随后他萌生出做网站的想法，把国内的企业资料收集起来放到网上向全世界发布。为此，马云毅然辞职，放弃当时教师的铁饭碗，在尚未开通拨号上网业务的杭州，马云就已经梦想着要用互联网来开公司盈利。

这个想法遭到他约来的24个朋友中23人的否定，只有一个人说："你可以试试看，不行赶紧逃回来。"想了一个晚上，第二天早上决定还是干，哪怕24个人全反对他也要干。他说："我觉得做一件事，无论失败与成功，经历就是一种成功，你去闯一闯，不行你还可以掉头；但是你如果不做，就像晚上想想千条路，早上起来走原路一样的道理。"

□ 社会是最好的学校，唯有创新才有未来

他提醒大家，在过去的信息时代是"我比别人聪明"，但到了数据时代，已改变为"别人比我聪明"。也就是不要再以为聪明就会成功。

他分析过去为什么自己考试考不好，因为老师讲的东西他永远记不住。"我一直以失学的人生遗憾"，但他说："优秀的学生是老师讲的他记得很清楚，然后一遍一遍几乎是原版的拷贝。我特别喜欢这两个字——启迪。我认为知识是可以灌输的，但是人类的智慧是启迪的，是唤醒的。我们进入 21 世纪，在知识爆炸的时代，重要的能力不是获取更多的知识，而是搜集知识的能力。以前可能需要大量的记忆，现在通过电脑一查就可以知道，中国人的文化中说勤劳勇敢，勤劳是很重要，机器是永远不会偷懒的，人和机器最大的差别，我们懂得创新。"

马云认为未来学校和教育最大的改革是发现、好奇、独特的思考，我们去唤起人的智慧，而不是教更多的知识，他说"我是个 15 岁就进入社会的人，我并没有脱离学校。"

□ 以"让天下没有难做的生意"为使命

他做阿里巴巴的目的从来都没有改变过，他的这个使命就是："让天下没有难做的生意，让小企业成长起来，成为明天的 Google。"马云的魅力，就在于他的敢说、敢做，他敢于直言说话总是这么地一新耳目，我要学习他的演讲技巧，我越了解他的作为及使命，就越敬佩他。

马云语录：

◎ 想创业时，即使失败也要开始做。（做一件事，无论失败与成功，

经历就是一种成功，你去闯一闯，不行你还可以掉头；但是你如果不做，就像晚上想想千条路，早上起来走原路一样的道理）

◎ 我高考考了三次，失败为成功之母。

◎ 社会是最好的学校，我15岁进入社会，从来都没有离开过约校。

◎ 唯有创新才有未来！

◎ 在过去的信息时代是"我比别人聪明"，但到了数据时代，已改变为"别人比我聪明"。

◎ 让天下没有难做的生意。

本杰明·富兰克林

口 多才多艺的漆匠么儿

美国第一任总统华盛顿说："在我的一生中，能让我佩服的人只有三位，第一位是本杰明·富兰克林，第二位也是本杰明·富兰克林，第三位还是本杰明·富兰克林。"本杰明·富兰克林（Benjamin Franklin，1706年1月17日- 1790年4月17日），是18世纪美国最伟大的科学家、著名的政治家和文学家，同时亦是出版商、印刷商、记者、作家、慈善家，更是杰出的外交家及发明家。他是美国历史上第一位享有国际声誉的科学家、发明家和音乐家。

他出生于 1706 年 1 月 17 日，故乡是北美洲的波士顿。他的父亲原是英国漆匠，当时以制造蜡烛和肥皂为业，生有十七个孩子，富兰克林是最小的儿子。

富兰克林八岁入学读书，虽然学习成绩优异，但由于家中孩子太多，父亲的收入无法负担他读书的费用。所以，他到十岁时就离开了学校，回家帮父亲做蜡烛。富兰克林一生只在学校读了这两年书。十二岁时，他到哥哥詹姆士经营的小印刷所当学徒，自此他当了近十年的印刷工人，但他的学习从未间断过，他从伙食费中省下钱来买书。同时，利用工作之便，他结识了几家书店的学徒，将书店的书在晚间偷偷地借来，通宵达旦地阅读，第二天清晨便归还。他阅读的范围很广，从自然科学、技术方面的通俗读物到著名科学家的论文以及名作家的作品都是他阅读的范围。

在过去，我一直以为自己的童年太苦，但相比之下，富兰克林十岁就失学了，世界上比我苦、比我们更苦的人大有人在，我们还是要懂得珍惜自己拥有的。

口 奠定宾州大学的基础

1736 年，富兰克林当选为宾夕法尼亚州议会秘书，1737 年，任费城副邮务长。虽然工作越来越繁重，可是富兰克林仍然每天坚持学习。

为了进一步打开知识宝库的大门，他孜孜不倦地学习外国语，先后掌握了法文、意大利文、西班牙文及拉丁文。

他广泛地接受了世界科学文化的先进成果，为自己的科学研究奠定了坚实的基础。本杰明·富兰克林 1743 年开始筹备一家学院，八年后学院成立，即为宾州大学的前身。与此同时，他开始研究电及其他科学问题，曾经作过著名的"风筝实验"，为了深入探讨电运动的规律，他借用了数学上正负的概念，第一个科学地用正电、负电概念表示电荷性质。创造了许多专用名词如：正电、负电、导电体、电池、充电、放电等世界通用的词汇。他最先提出了避雷针的设想，并制造避雷针，避免了雷击灾难，破除了迷信。

口 诚实和勤勉，应该成为你永久的伴侣

不可思议的是，这位科学家同时也是一位优秀的政治家、高龄的独立战争领袖。

1775 年 5 月 5 日，富兰克林回到了费城，投入起义大军的行列。除了成为美洲殖民地第二届会议的代表外，富兰克林还负责一些重要的委员会会议。1776 年夏天，他加入一个 5 人委员会，负责起草宣告美国独立的文件。他是美国第一位驻外大使（法国），所以在世界上也享有很高的声誉。

1790 年 4 月 17 日，夜里 11 点，富兰克林溘然逝世于费城，他一生最真实的写照是他自己所说过的一句话："诚实和勤勉，应该成为你永久的伴侣。"想到数百年前的这位伟人，坚持自己的理念，为正义即便与家人反目也在所不惜，我由衷地敬佩。

富兰克林语录：

◎ 诚实和勤勉，应该成为你永久的伴侣。

◎ 坚持学习，就能打开知识宝库的大门。

◎ 学习外语，就能打开不同的知识宝库的大门。

安东尼·罗宾

口 穷小子"拖油瓶"的潦倒人生

安东尼·罗宾有四个爸爸，因为他妈妈先后改嫁过三次，小罗宾就像一个小"拖油瓶"，跟着妈妈拖来拖去。当我知道他的童年状况后，忍不住笑了起来，我以前觉得我苦在有养父、生父，但他有四个爸爸，比我更惨，何况我后来出现第三个爸爸，也就是情同义父的周董，我比他幸运多了。

他曾贫穷潦倒到什么地步？在他26岁时仍然住在仅有10平方米的单身公寓里，洗碗盆也只能在浴缸里洗。他不仅生活一团糟糕，而且人际关系恶劣，前途更是渺茫。十七岁，高中还未毕业的他开始从事摆地摊、去餐厅当服务员、推销产品、清洗厕所等工作，那时候他全部的家当就是一辆价值九百美元的二手旧车——"金龟车"，没有钱交房租，他只能睡在"金龟车"里面；没钱钱交昂贵的停车费，所以每天晚上必须跑到"7-11"连锁店门口睡觉，因为这家商店门口是二十四小时免费停车。

口 蜕变为世界级潜能开发专家

但是他最后靠着对生活的热爱及满腔的热情，蜕变为世界级潜能开发专家。他白手起家成为事业成功的亿万富翁。他协助职业球队、企业总裁、国家元首激发潜能，帮助无数人渡过各种困境及低潮，还曾辅导过多位皇室的家庭成员，曾经被美国前总统克林顿、黛安娜王妃聘为个人顾问。

此外，他还为众多世界名人提供咨询，如：南非总统曼德拉、前苏联总统戈尔巴乔夫、世界网球冠军安德烈·阿加西等。1995 年安东尼·罗宾当选为"美国十大杰出青年"，1994 年获评杰出人类活动家与"布莱恩·怀特公正奖"，1993 年 oastmasterInternational 评为"全球五大演说家"；1995 年，被授予最高奖项"金锤奖"。

事实上，他的转变并不是偶然的，全然是来自一堂课。他的朋友向他推荐吉米·罗恩（Jim·Rohn）这位潜能大师的课程，当时收费要一千二百美金，对于只有九百美元家当的安东尼·罗宾来说，实在是一笔不小的开支，但是他没有放弃，而是想借钱来修读这门课程，最后他所在洗厕所的那个银行的经理看到他这么有决心想要改变，就个人掏腰包借给他一千二百美金，从此改变了他的一生。

我的经历跟他的经历如出一辙，都是通过一堂课程改变自己的一生。人生的遭遇竟然如此相同，我们都是幸运的人，也都是懂得为学习不计代价先付出的幸运儿。

安东尼·罗宾语录:

◎ 学习，改变命运。

◎ 只要开发潜能，就能成功！

马克·扎克伯格

口 全球最年轻的自行创业亿万富豪

马克·扎克伯格，美国社交网站Facebook的创办人，被人们冠以"盖茨第二"的美誉。哈佛大学计算机和心理学专业辍学生。据《福布斯》杂志保守估计，马克·扎克伯格拥有135亿美元身家，是历来全球最年轻的自行创业亿万富豪。

2004 年 1 月，扎克伯格向域名公司 Regis-ter.com 支付了 35 美元，注册了 theFacebook.com 一年的域名使用权。2004 年 2 月 4 日下午，他在宿舍点击了自己在 Manage.com 的账户链接，facebook 从此启动。10 年后，2014 年 2 月 10 日，马克·扎克伯格及其华裔妻子普莉希拉·陈登上美国《慈善纪事报》2013 年年度慈善排行榜榜首。28 岁，有着棕色卷发、不修边幅、酷爱拖鞋和牛仔裤的年轻人荣登"2012 年胡润全球富豪榜"，成为全球最年轻的、白手起家的富豪，而且无疑是这个世界上最富有的年轻人。

口 由哈佛名校辍学的犹太人

扎克伯格出生于纽约的一个犹太人家庭（Zuckerberg 这个名字完全就是德语名），但他声称自己为无神论者，扎克伯格开始写程序是中学时期，他的父亲在 90 年代曾教导他 AtariBASICProgramming，之后聘请软件研发者 DavidNewman 当他的家教。Newman 曾说扎克伯格是一个神童（prodigy）。

扎克伯格高中时，已经在家里附近的 MercyCollege 上课。扎克伯格很喜欢程序设计，特别是沟通工具与游戏类。他还开发过名为 ZuckNet 的软件程序，让父亲可以在家里和牙医诊所之间进行信息交流。这一套系统甚至可视为是后来美国在线实时通信软件的原始版本。

微软与美国在线曾想要招揽并训练扎克伯格，不过扎克伯格仍选择于 2002 年 9 月进入哈佛大学。在哈佛时代，扎克伯格被誉为"程序神人"，他创建一个评选照片的网站，但一周后就被校方关闭，因为哈佛的服务器被灌爆。但更多的学生要求他继续发展出一个包含照片与交往细节的校内网站，这就是 facebook 的源起。

口 拒绝诱惑、回馈社会

他坚持继续经营自己的 facebook，一次又一次地拒绝了许多唾手可得的巨款。扎克伯格的坚持不仅带来了 facebook 的辉煌，也给自己赢得了极其可观的收益。facebook 总用户数、人口数，仅次于中国和印度，成为世界的第三大国。

facebook 成为了又一家伟大的公司，它的伟大在于让许多人通过 facebook 找到了真爱，也有一些人通过 facebook 找到了人体器官捐献者，从而获得新生。

如今，它已成为世界上最重要的社交网站之一，就连美国总统奥巴马、英国女王伊丽莎白二世等政界要人都成了 Facebook 的用户。扎克伯格早就宣布捐赠1亿美元，这次捐赠创下美国青年人慈善捐款纪录。外界一提到扎克伯格时，总是将其同微软创始人比尔•盖茨做比较，因为他们都是从哈佛大学辍学的"坏学生"，都是白手起家，在互联网上创业，从而影响全世界。他说："成立公司是为了改变世界，伟大公司的成立，不是因为创始人想成立公司，而是因为创始人想要改变世界。"这样的使命感让我备受激励，我的一生若要成立公司，目的也是为了要帮助、影响人们而非只是为了谋利。

马克•扎克伯格语录：

◎ 脸书不是为了赚钱，是为了服务人群。比如：通过 facebook 有人找到了真爱，有一些人通过 facebook 找到了人体器官捐献者，从而获得新生。

◎ 创业守则：拒绝诱惑、回馈社会！

◎ 伟大公司的成立，不是因为创始人想成立公司，而是因为创始人想要改变世界。

◎ 只要有能力，年轻就就应该及时做慈善。

乔·吉拉德

口 在父亲辱骂下长大的穷小子

约瑟夫·萨缪尔·吉拉德 (Joseph Sam Girardi)，1928 年 11 月 1 日出生于美国密歇根州底特律市的一个贫民家庭，父亲是个四处谋生的西西里移民。童年经常遭受父亲的辱骂及邻里的歧视。父亲常辱骂他一事无成，但母亲的关爱使他始终坚信自己的价值，结果他成为美国著名的推销员而闻名全球。

他是吉尼斯世界纪录大会认可的世界上最成功的推销员，从 1963 年至 1978 年总共推销出 13001 辆雪佛兰汽车，至今仍是世界上最伟大的销售员销售业绩的保持者，连续 12 年荣登世界吉尼斯记录大全世界销售第一的宝座，他所保持的世界汽车销售纪录——连续 12 年平均每天销售 6 辆车，至今无人能破。

同时，他还是世界知名的励志演讲人、世界上伟大的畅销书作家，曾获得霍雷肖·阿尔杰奖。他的代表作品《怎样成交每一单》《怎样销售你自己》《怎样迈向顶峰》。

口 35 岁前是个负债的失败者

9 岁时，乔·吉拉德就已经开始工作，他前前后后共做过 40 多种工作，擦鞋、送报，赚钱补贴家用来坚持学业，但 16 岁高中时还是不得不退学。

离开学校后他成为了一名锅炉工，并在那里染了严重的气喘病。后来他成为一位建筑师，到 1963 年 1 月为止盖了 13 年房子。他患有相当严重的口吃，换过四十个工作仍一事无成，甚至曾经当过小偷、开过赌场，可以说，在他 35 岁以前，他是众人眼中的失败者，尤其在 1963 年他 35 岁那年，他破产了，负债高达 6 万美元。35 岁正是准备攻上人生的山巅时，乔·吉拉德却跌落到最幽暗的人生谷底。

为了生存下去，他走进一间底特律的汽车经销店，恳求满怀狐疑的经理给他一份推销员的工作。幸运的他首日就卖出一辆车，因为上班第一天他就卖出第一辆车，所以他能够向老板预支薪水，从超市买一袋食物回家让妻儿饱餐一顿。

他曾说："在我眼中，他（指第一个客人）是一袋食物，一袋能喂饱妻子儿女的食物，那天回家我对太太琼发誓，从今以后不再让她为温饱而烦恼。"

口 15 年卖出了 130C1 辆汽车

因为有严重口吃，他特地放慢说话速度，在多次的锻炼中，终于克服了口吃。

在接下来的第二个月里，销售情况仍然非常乐观。其他的推销员同事颇有怨言，都想要设法让他被解雇。所以他转到密歇根州 Eastpointe 的 Merollis 雪佛兰工作。

他在 15 年的汽车推销生涯中总共卖出了 13001 辆汽车，平均每天销售 6 辆，而且全部是一对一销售给个人的。他也因此创造了吉尼斯汽车销售的世界纪录，他"世界上最伟大推销员"的称号就是因此获得的。他创造了销售汽车四项金氏世界纪录：全球单日、单月、单年度，以及汽车销售总量的纪录保持者。

乔·吉拉德十五年的汽车销售员生涯中，碰到过美国经济大环境最紊乱的时刻，1964 年越战开打，美国经济受战事拖累；1973 年全球又爆发第一次石油危机，不景气使得美国汽车销售量下滑，但他在逆势中，一年还能卖出 1400 多辆车子。

1978 年 1 月宣布退休后，他所缔造的纪录，迄今未被打破。

退而不休，他转向教育工作，从 1978 年开始从事教育训练工作。退休数十年里每天依然被各种工作排满，不仅出书，还应邀到世界各地演讲自己的人生经验与推销秘诀，使他在销售界仍有相当影响力。

梁老师的终极目标也是创记录及追求影响力，世界上所有的伟人都是创记录者，记录都是等着人来创造的。

我希望将来有一天我也能创造我的记录。

乔·吉拉德语录：
◎ 严重口吃，也可以做伟大的销售员。
◎ 让客户记得你，就能持续销售。
◎ 退而不休，人生要追求影响力。

巴菲特

口 8 岁的股票神童

巴菲特出生于 1930 年 8 月 30 日，在 8 岁时就开始阅读关于股票市场的书籍，13 岁时就用卖报纸赚来的 25 美金（约人民币 160 元）买下弹子球游戏机放置在理发店里。买下 7 台游戏机后 1 周的收入提高到 50 美元（约人民币 300 多元），可见从小就有生意头脑。

在 1965 年他开始买股票，最早资金仅为一百美元，后来毕业于哥伦比亚大学金融系，一生只做投资这一件事，任伯克希尔公司董事局主席。他在 1960 年用 30 万美元廉价收购了濒临破产的伯克希尔公司，在他所住的小镇里，早期 40 多个交给他一万元投资的人，现在都已经是 2 亿 7000 万美金以上的亿万富翁，等于是获得 2700 多倍的惊人回报。

口 人们最想要得到的一件礼物：巴菲特的股票

在美国，伯克希尔公司的净资产排名第五，位居美国在线 - 时代华纳、花旗集团、埃克森-美孚石油公司和维亚康姆公司之后，伯克希尔股票被称为"人们最想要徇到的一件礼物"。

巴菲特令人津津乐道的理财名言很多，比如："在其他人都投资的地方去投资，你是不会发财的；发现别人没有发现的、不屑投资的市场空缺；利用市场的愚蠢，进行有规律的投资；不在意一家公司来年可赚多少，仅在意未来五至十年能赚多少。

巴菲特所语录：

◎ 只投资未来收益确定性高的企业。

◎ 通货膨胀是投资者的最大敌人。

◎ 善于走自己的路，才可望走别人没走过的路。

汤姆·霍普金斯

口 平均每天卖一幢房子的销售大师

汤姆·霍普金斯是当今世界第一推销训练大师，全世界超过 500 万人接受过他的培训。

他是全世界单年内销售最多房屋的地产业务员，平均每天卖一幢房子，至今仍是吉尼斯世界记录保持人，他大学辍学，在建筑工地扛钢筋为生。

在初踏入销售界的前 6 个月，他屡遭败绩，穷困潦倒，于是决定把最后的积蓄投资到世界激励大师金克拉一个为期五天的培训班。这五天的培训成为他生命的转折点。

在之后的岁月中，他潜心钻研心理学、公关学、市场学等理论，结合现代推销技巧，在短暂的时间里获得了惊人的成功。他是全世界单年内销售最多房屋的地产业务员，平均每天卖一幢房子，3 年内赚到3000 万美元，27 岁就已成为千万富翁。截止日前，汤姆·霍普金斯仍是吉尼斯世界记录保持人。

口 销售之道的始祖

当前中国许多销售大师，都曾向汤姆·霍普金斯学习推销之道，比如：第一，赚更多钱的技巧就是去接触更多的人，不断丰富自己的人脉资源。他对销售员有许多建议：销售员必须每天去会见一堆新人才能成功，不要害怕被人拒绝，每一次被拒绝，你实际上是赚到了钱，你被拒绝的次数越多，赚的钱也越多；每天都准备走出去会见一些需要你产品或帮助的人，你正在走向下一条预期成功的路上；销售就是去找人销售产品，及销售产品给你找到的人；电话销售以及陌生拜访的比率大约是 10：1，那就是说，打 10 个潜在客户的电话可以得到一个面谈机会；不要去问别人的成功比率、不要去和别人比，你只要跟自己比就好了，你要使自己每天进步一点点。他可以说是销售之道的始祖，被销售业者奉之为神。

汤姆·霍普金斯的销售语录：

◎ 一旦你把你的成功比率设定好，那就要努力去执行。如果你得到大量的会面机会但是没能做成几笔销售，你可能在未得到有效资格认定之前就失去了机会。在找错销售对象时你无法赚到钱。

◎ 开发金矿。被其他业务员遗漏的顾客就是一个金矿，只要你愿意并且能够使用它，你就有享受不完的资源。很多人之所以在销售上失败，是因为他们不知道追踪跟进。在你公司那些失败的销售员，他们所放弃的客户正能成为你的客户群。只要你开始致力于别的销售员遗留在公司的档案，你的收入就起飞了。你打电话给这些被遗忘的客户，重新建立你们的联系。

◎ 做一个本地优秀的公关员。一位冠军不会闭关自守，不关心报章的头版新闻。冠军会读当地报纸来引发生意。而且他读报时手中拿着一支笔，因为有成批的人刊登各种消息，他们每一件事对冠军都是重要的。

◎ 交换市场。你应该借由一些你最好的客户来建立自己的交易市场，除了一些努力之外，它花不了你什么成本。

原一平

口 为争一口气的见习推销员

1904 年 9 月 27 日出生在日本长野县，1924 年 21 岁时由私立东京商业专科学校毕业。

在日本寿险业，他是一个声名显赫的人物。日本有近百万的寿险从业人员，其中很多人不知道全日本 20 家寿险公司总经理的姓名，却没有一个人不认识原一平。

他的一生充满传奇，从被乡里公认为无可救药的小太保，最后成为日本保险业连续 15 年全国业绩第一的"推销之神"，最穷的时候，他连坐公车的钱都没有，可是最后，他终于凭借自己的毅力，成就了自己的事业。

23 岁那年，原一平离开家乡，到东京闯天下受挫。他第一份工作就是做推销，但是碰上了一个骗子，卷走保证金和会费就跑了，这也让当时的原一平陷入了困境之中。

1930 年 3 月 27 日，他应征一家保险公司，主考官瞟了他一眼而批评他："你不能胜任，因为每人每月要有 10000 元营业额。"他一赌气："既然这样，我也能做到 10000 元。"

他由一名"见习推销员"开始，没有办公桌，没有薪水，还常被老推销员当"听差"使唤。在最初成为推销员的七个月里，他连一分钱的保险也没拉到，当然也就拿不到分文的薪水。为了省钱，他只好上班不坐电车，中午不吃饭，晚上睡在公园的长凳上。

口 日本保险业连续 15 年全国业绩第一

饿着肚子仍保持乐观，他把应聘那天的屈辱，看作一条鞭子，不断激励自己，每天清晨 5 点起床徒步上班。一路上，他不断微笑着和擦肩而过的行人打招呼。

有一位绅士经常看到他这副快乐的样子，很受感染，便邀请他共进早餐。尽管他饿得要死，但还是委婉地拒绝了。当得知他是保险公司的推销员时，绅士便说："既然你不赏脸和我吃顿饭，我就投你的保好啦！"他终于签下了生命中的第一张保单。更令他惊喜的是，那位绅士是一家大酒店的老板，日后帮他介绍了不少业务。

从这一天开始，原一平的工作业绩开始直线上升，到1930年年底，他在9个月内共实现了16.8万日元的业绩，远远超过了公司的销售精英。公司同事顿时对他刮目相看。

由27岁进入明治保险公司开始，33岁业绩名列全国第二，次年34岁结婚。36岁业绩全国第一，45岁再次夺得全国第一，而后继续维持了15年，46岁担任明治保险公司日本桥地方部长，59岁成为美国百万元圆桌会议会员。原一平曾协助设立全日本寿险推销员协会，并担任会长至1967年。

因对日本寿险学的卓越贡献，荣获日本政府颁赠"绀绶褒章"，60岁荣任日本绩优寿险推销员俱乐部名誉会长，61岁担任明治保险公司理事并兼任总公司直辖地方部长。荣获美国人协会颁赠的学术奖章，65岁成为美国百万元圆桌会议终身会员，71岁成为美国百万元圆桌会议远东地区会长，73岁因对提高保险推销员地位做出了卓越贡献，荣获日本天皇颁赠"四等旭日小绶勋章"，81岁正式退休，同年8月15日因病逝世。

弗兰克·贝特格

口 霸道推销术创始人

弗兰克·贝特格（Frank Bettger，1888-1981）是 20 世纪最伟大的销售大师之一、美国人寿保险创始人、著名演讲家。

他自幼饱受艰辛，赤手空拳踏入保险业，凭着激情与执着，开创出人寿保险业的一片新天地，成为世人瞩目的骄子。他是美国富翁之一，是"国际大师级的推销员领袖"。

他的推销术在美国市场上是一种革命，他的推销手段非常霸道，使得不同阶层的人士都接受了他推销的商品，这是一种市场奇迹与商业奇迹。他在 29 岁时还是一个失败的保险销售员，但 40 岁时就已成为美国收入最高的销售员了。他曾创下了 15 分钟签下 25 万美元保单的最短签单纪录。成功学大师戴尔·卡内基对贝特格赞不绝口，多次在其著作和演讲中将贝特格作为经典案例加以介绍。

口 童年点灯人的记忆

贝特格出生于 1888 年一个风雪交加的日子。

他家所居住的地方的街道西侧，每 50 码有一盏路灯，由于光线太暗人们上街时还要拿着火炬。多年以后，贝特格还记得点灯的那个人，每夜不停地在街上走着，哪盏路灯熄了，就重新把它点燃，给行人们提供更多光明。

贝特格的童年历经磨难，父亲逝世早，母亲一个人抚养 5 个孩子，生活过得特别艰苦，为了养活兄妹五人，母亲没日没夜地为别人缝补浆洗，换取一些微薄的工资。

那几年的天气似乎格外冷，全家除了厨房没有一点热气，房间里也没有地毯，天花、猩红热、伤寒等疾病随时会降临到他们身上。正所谓祸不单行：饥饿、疾病先后夺去了他们家 3 个孩子的性命。

这样的生活境况，让年幼的贝特格变得坚强，为了帮助寡母，他在 11 岁时就得每天去街头卖报，每天挣几美分补贴家用。他常常在凌晨 4 点就开始工作，因为这个时候的车站、码头已经人头攒动，而且还没有其他报童在这里卖报，贝特格不必担心因为抢了他们的生意而遭他们拳打脚踢。由于生活拮据，他 14 岁那年被迫辍学，给一名蒸汽管道工做助手。18 岁那年，他成为一名职业棒球选手。

两年后，一次偶然的事件，贝特格离开了钟爱的棒球。那是与伊利诺伊州芝加哥小熊队比赛时，在快速奔跑中，他接住了对手一个有力的短打球，在他将球迅即投出之后，他的臂膀处产生一种剧痛——肩膀和胳臂之间脱臼了。这次事故后来严重影响了他在职业棒球道路上的发展，不得已，他放弃了棒球生涯。

贝特格后来说："在当时，这对我来说就是灾难。但现在回想起来，我觉得它是我一生中最幸运的一件事。"

口 被迫转行做保险，甚至想去当海员

离开棒球队后，贝特格回到老家费城找了一份工作，为一个卖家具的商店收款。因为有的顾客在购买家具时采用分期付款的方式，所以他的工作就是在期限结束的时候上门收钱，报酬是每天1美元。

在度过了一段郁闷消沉的时光后，贝特格应聘到一家人寿保险公司做了一名人寿保险推销员。最初做寿险推销的十个月是他生命中最暗淡最漫长的时光，每次外出推销都无一例外地空手而返。渐渐地，贝特格残存的最后一点自信也被残酷的现实吞噬殆尽。于是，贝特格每天的首要任务就是买来大量招聘类报纸翻找招聘信息。那时他看到一则招聘船员的启示，就想当个船员也不错。而且在当时他意识到自己无论做什么工作，内心都被一种莫名其妙的、复杂的情绪笼罩着，没有一点奋斗的信心。

口 卡内基为他启蒙了演讲术

一天，贝特格接到宾夕法尼亚州切斯特里基督教男青年会的一份请柬，是知名的戴尔·卡内基先生所主持的演讲会。

看到这个名为"清洁语言、清洁电话、清洁体育活动"的演讲会通知，他知道自己并没有在大庭广众之下演讲的勇气，但是他还是去了。

第二天，贝特格来到费城的基督教男青年会，询问是否有训练在公众场合演讲的培训班。该会的教育主管说："我们正好有你需要的，跟我来。"他跟着这个主管穿过长廊，来到一间房子，里面坐满了人。一个人演讲完过后，另一个人对其进行评论。两人在后面坐下，教育主管小声对他说，"这是公开演讲训练班。"正说着，又一个人站起演讲，但此人非常的紧张。贝特格心想："可别像他那样，我的演讲一定要声音洪亮、流利。"

过了一会儿，那个评论他人演讲的人走了回来，此人就是戴尔·卡内基。贝特格对他说："我想参加这个培训班。"卡内基回答道："这个培训班的课程已过半了。"贝特格坚持道："不，我现在就要参加。"卡内基笑了笑说："好吧，下一个就由你来讲。"当时贝特格非常的紧张，紧张的情绪让贝特格连一句"你好"都说不出来。

后来贝特格参加了一系列的培训班后，每次都积极争取上台说话的机会，有一次，贝特格发言完毕刚想坐下，卡内基用手势制止了他："请等一等，贝特格先生 你的讲话为什么没有力量呢？你缺少激情的发言，大家没有谁会感兴趣的，你说呢？"随后，卡内基以激昂和极具感染力的语气讲解了什么叫"激情"，讲到高潮处，他忽然拎起旁边一把座椅使劲摔在地上，并且摔坏了椅子的一条腿。贝特格立即下定决心，要改变自己的生活，并继续留在保险业，他要把以前用于打棒球的激情，重新注入自己的推销事业上去，这个决定正是他生命的转折点。两个月后，贝特格去基督教男青年会做了一次演讲。这时，贝特格可以轻松地向听众讲述个人经历，整个演讲差不多进行了一个半小时，事后二三十个听众都跑上前来与贝特格握手，显然，他们都深受触动。

演讲的成功不仅使贝特格感到欣喜，而且还得到曾经没有的自信。

两个月的演讲训练，改变了贝特格，25分钟一次的演讲训练使他获得了比一整天坐在训练班里一言不发当听众更好的效果。那次演讲训练增加和激发了贝特格的激情，能够使他大胆地表达出自己的想法，并且彻底抛弃他最大的敌人——胆怯。

口 著书传授销售秘诀

他演讲的第一个题目是"一个使我收益和快乐倍增的概念"。第一次演讲的他结结巴巴，但不久，通过他的努力，他睿智和充满灵性的演讲给听众带来了奇妙的效果，引起了竞选总统般的轰动，极大地刺激了各个社区的经济与文化发展。

1947年，贝格特的销售名著《我是这样从销售失败走向销售成功的》（How I Raised Myself from Failure to Success in Selling）一书面世。他另著有畅销书《如何使营销的收入加倍，快乐也加倍》《保险大赢家》《成功推销改变了我一生》等。贝特格希望用书本告诉读者其人生旅途中的疏漏和错误，以及是如何从失败与绝望中走出来的。戴尔·卡内基隆重推荐这本书，并在序言中这样评价贝特格，他一路艰苦走来，没受过多少正规教育。他的人生历程是一个十分了不起的美国式成功故事。他拥有近40万个销售电话的经历，相当于超过二十五年的时间里每天打5个电话。他的口才转变故事让我明白，再伟大的人都曾经经历过初试啼声的失败，所以我的失败再多也是正常的，我由他的故事得到激励。

口 在生人面前的分享秘诀

他把他为什么能成为销售之神的秘诀分享给大家。比如：在生人面前就可以获得自信的 4 条原则：

1、做购买者的助手：几年来在销售中扮演购买者助手的态度使我受益匪浅。我非常愿意那些做销售的朋友都成为购买者的助手，这样，人们还是愿意成为购买者的。

2、把客户当兄弟：因为如果你是我的亲兄弟，我就对您说真话……”如果你是一个信心十足的人，你就会毫无疑问地用上这条原则。

3、夸赞你的竞争对手：在销售之中有一条最重要的原则，就是"如果不能夸奖他人，那就不要讲别人坏话"，只有这样才能更快获得他人的信任。要尽量说别人的好处。

4、让自己无可替代："我现在为您干的事是没有别的人可以干得了的。"在销售之中这是一句非常有效的话。一句诚实的话，会使人收到意想不到的效果。

□ 销售是容易的事

他鼓励大家把销售当做容易的事，打棒球的人都知道"不挥棒就打不中"的道理，其实推销也是如此。如果你努力工作了，你就会发现推销是世界上最容易的工作；可是如果你一开始就把推销当成是一件容易的工作，那么，你就会发现它是世界上最难做的事。他认为如果你为人真诚，就能通过很多途径和人们建立信任。生活中最大的乐趣来自于干一番事业。历史上的许多伟大人物给我们不少的激励，但最大的鼓励和最好的主意还是来自于生意上的合作伙伴和朋友。如果要想赢得他人好感，就要让人觉得你是忠诚的，如果有人鼓励了你或是以任何形式帮助了你，别藏在心里要告诉人家，微笑和忧郁是无法混合在一起的。只要我强迫自己微笑，就得让快乐事情回到脑海中，承认恐惧并不是件丢脸的事，不去努力克服恐惧才丢脸。所以无论你是面对一个人还是成百上千的人抑或是什么大人物，一旦发现自己害怕了，请记住这么简单的一句话：当感到恐惧了承认它，永远别忘了顾客，也别让顾客忘了你。如果你关心顾客，顾客也会关心你。专注于你是谁而不是你做了什么，因为你是谁正是你的价值所在。缺少自身的努力，任何人都无法使你满腔热情；没有自身的努力，任何人都无法使你达到目标。在人生的这场游戏中，你应当保持生活的热情和学习的热情，不断地吸取能够使自己继续成长的东西来充实你的头脑。不管你面临着什么困难，都要振作起来，工作中要有激情，因为激情是推销成功的最重要的因素之一。

弗兰克·贝特格的语录：

◎ 有些灾难回想起来，反而会是最幸运的一件事。

◎ 不挥棒就打不中。这是打棒球的人都懂的道理，在推销中也是一样。

◎ 如果你努力去工作了，推销是世界上最容易的工作；可是如果你一开始就把推销当成是一件容易的工作，那它就会成为世界上最难

141

做的事。

◎ 克服胆怯和增加勇气、自信的最好方式就是敢于在众人面前讲话，当你在众人面前讲话不再胆怯后，你与人私下的交谈就更加自如了。

◎ 以百倍的热情投入到工作和生活中去，加倍的热情带来的是加倍的回报和快乐。

◎ 生活中最大的乐趣来自于干一番事业并尽量使自己干得最好。如果在自我调整上出了麻烦想要提高思考的能力和有序的工作，解决问题的方法只有一条——多花一点时间来安排诸事的轻重与主次。抽出一周中的一天作为自我调整日。成功的全部秘诀是一定要有充足的时间来筹划而不是总要忙得不可开交。

◎ 如果不能夸奖他人，那就不要讲别人坏话。这永远是销售中的一条原则，这也是获得信仁最快捷的途径。

◎ 如果要想获得自信并赢得他人的信任，最关键的是不间断地了解自己的事业。

◎ 爱你的工作，如果你悉心去做某件事情，你决不会一无所获。不论你收获的是不是值许多钱，但你会过得很快乐，而这份快乐是没有人能够夺去的。

◎ 生活中最大的乐趣来自于干一番事业，并尽量使自己干得最好。

◎ 激情有助于你克服恐惧，有助于你事业上的成功，赚更多的钱，享受更健康、更富裕、更快乐的生活。

以上这些老师的故事多么地感人，他们无时无刻再激励我，让我明白，态度、学习、意志的重要性，我的神奇经历中，最神奇的就是这个转变，我竟由一个失学的小女孩，因为跟对了人而进入世界级销售大师的教室，我热爱销售，在这些世界级销售大师的身上学到高深的本领。越学习，就越感受到学无止境，与一山更比一山高的一条道在眼前，我这一生，将会继继前往销售的世界前进。

101 个世界大师的智慧云集！

1. 世界第一领导力大师——麦斯威尔·约翰：我们是怎样的人，决定我们如何看待别人。

2.世界第一名催眠大师——马修·史维：你的格局一旦被放大之后，再也回不到你原来的大小。

3. 世界第一谈判大师——史都华·戴蒙：有时候，与实现"双赢"相比，以今天的失利换取明天更大的利益要更加明智。

4. 世界励志演说家——力克·胡哲：人生最可悲的并非失去四肢，而是没有生存希望及目标！

5. 世界第一潜能激发六师——安东尼·罗宾：人通常所做的三项决定：1）决定聚焦在什么点上。聚焦点不同产生的情绪也不同。最成功的人聚焦在现在和未来二，成功人是失败过很多次的人，但是他们从来不把聚焦点放在过去。恐惧时，人们常常做出错误的决定。2）看清楚事情的真相，看这个机会是什么，可否控制。聚焦在正确的事情上，看到这件事情的真实含义，那么你一定会成功。3）准备采取什么行动。如果我改变我的状态，我就可以改变我的结果。

6. 世界第一情绪管理、两性关系大师——约翰.格雷：请记住这一事实：你的伴侣和你不同——对方来自另一星球，不可将本星球的规定、要求强加于人。你应该对彼此的差异产生敬畏，而不是想起来就心怀不满或怨恨，否则你会大吃苦头。

7. 美国前国务卿——鲍威尔将军：坚持透过现象看本质，不要因为可能看到不喜欢的东西而退缩。

8. 世界第一管理大师——汤姆·彼得斯：创造领袖的方法，是让他们领导。你要是发现一个出色的人，直接让他负责主导某件事。马上利用机会，把项目分成许多小任务，找个精力、勇气、热诚兼具的少年仔，要他全权负责。他只有二十三岁？那又怎样？领导能力与年龄无关。

9. 世界行销之神——杰伊·亚伯拉罕：资本包括人类、智慧和金融。人力资本－人们为您工作。智慧－智力财富。它可能是一个个人所有的系统－对您而言，独一无二，与众不同。金融资本－您如何配置它。在所有这3者中，存在巨大的上层杠杠作用。

10. 全球第一畅销书《心灵鸡汤》作者——马克·汉森：一旦你的头脑有了"磁性"、充满了激情，你就会开始留心一些事情－那些总是在那里但没有引起你注意的事情。

11. 世界著名的谈判大师——罗杰·道森：不管条件多好，都要把谈判的流程走完，最终目的，让对方有赢的感觉。

12. 世界最伟大的销售员——乔吉拉德：不管你卖什么，你永远卖的是你自己。

13. 世界最伟大的心灵导师和成功学大师——戴尔·卡耐基：思考时，要像一位智者；但讲话时，要像一位普通人。

14. 世界成功学之父——拿破仑·希尔：人真正的幸福感存在于对幸福的分享当中。

15. 苹果公司创始人苹果教父——史蒂夫·乔布斯：求知若饥，虚心若愚。

16. 世界首富——比尔·盖茨：这世界并不会在意你的自尊。这世界指望你在自我感觉良好之前先要有所成就。

17. 美国证券界最成功的实践家——吉姆·罗杰斯：21 世纪的中国是世界上最发达、最富有的国家。别老想着日本，我们的孩子会学中文的。

18. 股神——沃伦·巴菲特：风险，来自于你不知道你在做什么。

19. 亚洲首富——李嘉诚：男孩的胸怀是冤枉撑大的，受的冤枉越多，胸怀越大.

20. 世界第一现代管理学之父——彼得·德鲁克：把才华应用于实践之中——才能本身毫无用处。许多有才华的人生命碌碌无为，通常是正因他们把才华本身看作是一种结果。

21. 世界第一演说家、企业家、教育家——博恩·崔西：清晰的书面目标对你的思想有着奇妙的影响力，它能激发潜能，发掘你的创造力，促使你积极采取行动，克服拖延时间的缺点。目标是成功这个大熔炉中的燃料。你的目标越远大、越清晰，实现目标的动力就越强劲。对自己的目标思考的越多，实现目标的欲望就越强烈。

22. 迪斯尼公司创始人——华特·迪斯尼：对那些伤害你的人最好的回应不是报复，而是努力让自己过得更好。

23. 日本首富——孙正义：最初所拥有的只是梦想和毫无根据的自信而已，但是所有的一切都从这里开始。

24. 世界品牌维珍（Virgin）的创始人——理查德德·布兰森：我们要去别人从没去过的地方。没有模式可以模仿，没有东西可以复制。这就是魅力所在。

25. 世界顶级服装设计师——乔治·阿玛尼：风格与流行之间的不同在于质量。

26. 世界企业再造之父——迈克尔·哈默：创造价值的是流程而不是部门。

27. 全球领导行为连续体理论的提出者——沃伦·施密特：在管理工作中，领导者使用的权威和下属拥有的自由度之间是一方扩大另一方缩小的关系。

28. 现代营销学的奠基人之一、营销的营销者——西奥多·莱维特：创造性模仿不是人云亦云，而是超越和再创造。

29. 世界广告之父——六卫·奥格威：伸手摘星，即使徒劳无功，亦不致一手污泥。

30. 享誉全球的质量大师、田口方法的创始人——田口玄一：在竞争性市场环境下，不断提高产品质量、削减成本是企业的生存之道。衡量成品质量的一个重要标准是产品对社会造成的一切损失。

31. 世界直效行销之父——伟门·莱斯特：学到出现在正确的时机，消费者的"不是现在"就等于"这不是我要的"。

32. 公认的对营销沟通与战略品牌管理进行综合研究的国际先趋者——凯文·莱恩·凯勒：市场营销人员必须意识到，他们所做的任何决策都会马上被人所熟知　为人所审视。

33. 著名的美国女作家、教育家——海伦·凯勒：我常想，假如上帝给我三天光明，我最想看什么呢？或者我将怎样享受这份幸福呢？当我这样想的时候，也请你顺便怎样想象一下吧，请想想这个问题，假定你也只有三天光明，那么你会怎样使用你的眼睛呢？你最想让你的目光停留在什么地方？

34. 最伟大的物理学家——阿尔伯特·爱因斯坦：你要知道科学方法的实质，不要去听一个科学家对你说些什么，而要仔细看他在做什么。

35. 全球最顶尖的营销战略家——杰克·特劳特：品牌并不是靠投入大量金钱与传播就能进入顾客心智的，而是要以准确定位为前提。进一步说，最有力的战略定位是准确聚焦在一个词上。

36. 世界著名作曲家、钢琴家、指挥家——贝多芬：我要扼住命运的咽喉，它妄想使我屈服，这绝对办不到。

37. 全球现代管理学之父——彼得·德鲁克：认识你的时间"，只要你肯，就是一条卓有成效之路．

38. 国际战略管理之父——伊戈尔·安索夫：战略管理与以往经营管理的不同之处在于：战略管理是面向未来，动态地、连续地完成从决策到实现的过程。

39. 世界竞争战略之父、20世纪对全球经济影响力最大的人物——

迈克尔·波特：战略的实质就是选择不做哪些事情。

40. 现代管理咨询之父、麦肯锡咨询公司的创建人、现代欧美企业经营哲学的领导者、CEO 的精神导师——马文·鲍尔：估量他人可能的反应，是做出合理判断的关键。

41. 国际艺术管理大师、工作场所变革的开拓者——查尔斯·汉迪：最好的学习方法是教会别人。

42. 世界一流的战略大师、当今商界战略管理的领路人：管理原则和管理流程的创新能够创造持久的优势，使竞争地位发生巨大转变。

43. 学习型组织之父、当代最杰出的新管理大师——彼得·圣吉：下属鄙视的领导是坏领导；下属称赞的领导是好领导；下属说，"事情都是我们自己做的"。他们的领导是伟大的领导。

44. 美国著名管理学家、现代层级组织学的奠基人、教育哲学博士——劳伦斯彼得：一个人若能对每一件事都感到兴趣，能用眼睛看到人生旅途上、时间与机会不断给予他的东西，并对于自己能够胜任的事情，决不错过，在他短暂的生命中，将能够撷取多少的奇遇啊。

45. 伟大的企业史学家、战略管理领域的奠基者——艾尔弗雷德.D.钱德勒：当管理上的协调比市场机制的协调能带来更大的生产力、较低的成本和较高的利润时，现代多单位的工商企业就会取代传统的小公司。

46.世界最伟大的化学家之一、元素周期率发现者——德米特里·门捷列夫：没有加倍的勤奋，就既没有才能，也没有天才。

47."现代营销学之父——菲利普·科特勒：做战略上正确的事情要比立即获利更重要。

48.世界"学习型组织"概念的首创者之一、长寿公司模式创造者——阿里·德赫斯：在长寿公司中员工们拥有共同的价值观，相互信任关心，融为一体。

49.世界战略管理研究大师——威廉·纽曼：为领导风格应该是谨慎地既顺应于领导人，也顺应于被领导者及环境。

50.全球核心竞争力理论的创始人之一、国际上公认的公司战略和跨国公司管理领域的专家——普拉哈拉德：慈善机构对穷人的施惠过多并非好事，穷人应该在市场上有真正的力量。穷人没有享有社会的充分权利，如果他们的权利不能完全保证，就会有危机出现。

51.质量管理之父——威廉·爱德华兹·戴明：质量是一种以最经济的手段，制造出市场上最有用的产品。一旦改进了产品质量，生产率就会自动提高。

52. 美国最伟大、受尊崇的心灵导师之一——威尔·鲍温：抱怨是在讲述你不要的东西，而不是你要的东西。

53. 全球畅销书作家、心理咨询与管理专家，全美最受欢迎的演讲家——丹尼斯·威特博士：改变能改变的，接受不能改变的，淡看世事。

54. 管理寓言的鼻祖、情景领导理论的创始人之一——尼斯·布兰乍得：依据下属的成熟度水平选择正确的领导方式，决定领导的成功。

55. 全球著名领导力大师、情境领导模型的始人、美国领导力研究中心（CLS）创始人——保罗·赫塞：对于管理者而言，因境施管可能好于因材施管。

56. 英国文学史上最杰出的戏剧家、全世界最卓越的文学家之一——莎士比亚：即使把我关在果壳之中，仍然自以为无限宇宙之王。

57. 人性假设理论创始人、管理理论的奠基人之一——道格拉斯·麦格雷戈：任何管理行为都取决于某种假定、命题和假设。

58. 人力资源管理的开创者——戴维·尤里奇：企业应为人力资源部门制定全新的职能和纲领，让它不再把重心放在员工招聘或薪资福利这样的传统活动上，而是把重心放在结果上。

59. 科学管理之父——弗雷德里克·温斯洛·泰勒：每一类型的工

人都能成为第一流的工人，除了那些有能力而不愿做的人。

60. Z 理论创始人、最早提出企业文化概念的人——威廉·大内：企业管理不仅是一门科学，更是一种文化。

61. 美国第一个获得心理学博士的妇女、"管理学的第一夫人"——莉莲·吉尔布雷思：成功的管理在于人而不是工作。

62. 双因素理论的创始人——弗雷德里克·赫茨伯格：人生中最有力的激励因素不是金钱，而是那些学习的机会、在责任中成长的机会、为他人做贡献的机会、以及成就被认可的机会。

63. 全球管理界享有盛誉的管理学大师——亨利·明茨伯格：尽管战略一词通常与未来相联系，它与过去的关系也并非不重要。过日子要向前看，但理解生活则要向后看。管理者将在未来实施战略，但他们是通过回顾过去而理解这一战略的。

64. 十九世纪法国伟大的军事家、政治家，法兰西第一帝国的缔造者——拿破仑·波拿巴：伟大的统帅应该每日自问数次，如果面前或左右出现敌人该怎么办？他若不知所措，就是不称职的。

65. 世界权变管理创始人——弗雷德·菲德勒：改变组织环境即领导者所处的工作环境中的各种因素，要比改变人的性格特征和作风容易得多。

66. 法国著名波兰裔科学家、历史上第一个两获诺贝尔奖的人——居里夫人：我们应该不虚度一生，应该能够说："我已经做了我能做的事。"

67. 世界著名的自学成才的科学家——迈克尔·法拉第：我不能说我不珍视这些荣誉，并且我承认它很有价值，不过我却从来不曾为追求这些荣誉而工作。

68. 被世人誉为"宇宙之王"、英国著名物理学家和宇宙学家——史蒂芬·威廉·霍金：知识的敌人不是无知，而是已经掌握知识的幻觉。

69. 世界著名科学家、空气动力学家——钱学森：正确的结果，是从大量错误中得出来的；没有大量错误作台阶，也就登不上最后正确结果的高座。

70. 全球人力资源领域最具影响力人物、期望激励理论提出者——爱德华·劳勒：工作的实际绩效取决于能力的大小、努力程度以及对所需完成任务理解的深度，具体地讲，"角色概念"就是一个人对自己扮演的角色认识是否明确，是否将自己的努力指向正确的方向，抓住了自己的主要职责或任务

71. 中国中医研究院终身研究员兼首席研究员、第一位获得诺贝尔科学奖项的中国本土科学家——屠呦呦：我喜欢宁静，蒿叶一样的宁静；我追求淡泊；蒿花一样的淡泊；我向往正直，蒿茎一样的正直。

72. 中国工程院院士、中国的"杂交水稻之父"——袁隆平：我觉得人就像一颗种子。要做一颗好种子，身体、精神、感情都要健康。种子健康了，我们每个人的事业才能根深叶茂，枝粗果硕。

73. 管理理论之母、管理预言家——玛丽·帕克·芙丽特：我们只有在集体组织之中才能发现真正的人。个人的潜能在被集体生活释放出来之前，始终只是一种潜能。人只有通过集体才能发现自己的真正品格，得到自己的真正自由。"

74. 现代经营管理之父——亨利·法约尔：管理者不承担创造知识的任务，他的任务是有效地运用知识。

75. 世界著名的质量管理专家、举世公认的现代质量管理的领军人物、质量领域的"首席建筑师"——约瑟夫·朱兰：20 世纪是生产率的世纪，21 世纪是质量的世纪。

76. 著名数学家、中国科学院院士、当今世界88位数学伟人之一——华罗庚：一个人的生命是有限的、短促的，如果我们要把短短的生活过程使用得更有效力，我们最好是把自己的生命看成是前人生命的延续，是现在共同生命的一部分，同时也是后人生命的开端。

77. 美国著名的政治家、物理学家、美国独立战争时重要的领导人之一——本杰明·富兰克林：一个人失败的最大原因，就是对于自己的能力永远不敢充分信任，甚至自己认为必将失败无疑。

78. 全球最顶尖的营销战略家、定位之父——杰克·特劳特：历史一再证明，越是革命性的思想，其价值被人们所认识越需要漫长的过程。

79. 全球直效行销之父——莱斯特·伟门：要想办法让消费者不只短视近利。

80. 世界整合营销传播之父、世界最著名的营销大师——唐.E.舒尔茨：在企业与客户的关系发生了本质性变化的市场环境中，抢占市场的关键已转变为与顾客建立长期而稳固的关系，从管理营销组合变成管理和顾客的互动关系。

81. 享誉世界的美国营销大师定位理论的创始人——阿尔·里斯：很少人能单凭一己之力，迅速名利双收；真正成功的骑师，通常都是因为他骑的是最好的马，才能成为常胜将军。

82. 世界华人成功学第一人、信心和潜能的激发大师——陈安之：成功者，做别人不愿意做的事情，别人不敢做的事情，做不到的事情。

83. 美国思科公司总裁——约翰·钱伯斯：新经济时代，不是大鱼吃小鱼，而是快鱼吃慢鱼。

84. 世界质量先生、伟大的管理思想家、零缺陷之父——菲利浦·克劳士比：产生质量的系统是预防，而不是检验。

85. 中国式管理之父——曾仕强：机会是持续发展的。

86. 世界级的经济问题权威、世界财经管理趋势大师——莱斯特·瑟罗：在 21 世纪，持续的竞争优势将更多地出自新流程技术而不是产品技术。

87. 有史以来最著名的女性经济学家、新剑桥学派最著名的代表人物和实际领袖——琼·罗宾逊：专门化的生产只要经营得法，即使一把小小的椅子也能向世界进军。

88. 全球投资鬼才、投资大师——伯纳德·巴鲁克：别希望自己每次都正确，如果犯了错，越快止损越好。

89. 全球金融杀手、量子基金会创始人——乔治·索罗斯：我生来一贫如洗。但决不能死时仍旧贫困潦倒。

90. 世界最著名的投资公司之一、债券之王、PIMCO 的创始人和首席投资官， 全球最著名、业绩最佳的基金经理——比尔·格罗斯：投资，就是战胜人性的贪婪与恐惧，能控制自己的情绪，则他人的弱点为你提供了盈利的机会，否则，你必然失败。

91. 中国著名女作家、文学翻译家——杨绛：你的问题主要在于读书不多而想得太多。

92. 第一位成功的职业经理人、二十世纪最伟大 CEO、通用汽车公司的第八任总裁、事业部制组织结构的首创人——艾尔弗雷德 .P. 斯隆：在没出现不同意见之前，不做出任何决策。

93. 联合大企业领导人的巨头、世界著名跨国公司 ITT 公司缔造者、国际电话电信公司（ITT）前首席执行官、总裁—哈罗德·杰宁：经营企业就好比用木柴炉子烧牛肉，从头到尾要盯着做；没有理论，因为按食谱烧出的牛肉不合你的口味；也没有公式，因为用微波炉烧出的牛肉，总觉得不好吃；只要敏于行，一面做、一面改，最后就能成功。

94. 惠普公司的创始人之一、硅谷创业的元老人物、一代产业巨子——戴维·帕卡德：小事成就大事，细节成就完善。

95. 世界第一女 CEO、惠普公司前总裁——卡莉·费奥瑞纳：习惯在低谷中挺立。

96. 全球经营之神、松下公司创始人——松下幸之助：人的一生，总是难免有浮沉。不会永远如旭日东升，也不会永远痛苦潦倒。反复地一浮一沉，对于一个人来说，正是磨练。因此，浮在上面的，不必骄傲；沉在底下的，更用不着悲观。必须以率直、谦虚的态度，乐观进取、向前迈进

97. 世界零售业的"精神大师"、沃尔玛创始人——山姆·沃尔顿：第一线的员工才是最知道实际情况的。你要尽量了解他们所知道的事情。为了组织下放责权，激发建设性意见，你必须倾听同事们告诉你的一切。

98. 通用电气公司前总裁、20 世纪最优秀的公司领导——杰克·韦尔奇：别的人，别的地方，会有更好的办法。

99. 世界石油大王、世界第一个亿万富翁——约翰·戴维森·洛克菲勒：这是公然的挑衅，我却装作充耳不闻，我知道自己尊重自己比什么都重要，但是。我在心里已经同他开战：，我一遍一遍地叮嘱自己：超越他，你的强大是对他最好的羞辱，是打在他脸上最响的耳光。

100. 中国第一位女首富、世界最富有的女白手起家者——张茵：我看到的一些富二代，他们也都很努力。中国没有多少贵族，都是第一代人艰辛创业。他们的子女，身受各种压力，刚步入社会，还比较脆弱。我希望外界给他们更宽松的环境，正视他们，不要总是富二代、富二代地称呼他们。

101. 世界著名财商教育专家、理财"金牌教练"、"百万富翁的教父"——罗伯特.T.清崎：学会让感情跟随你的思想，而不要让思想跟着你的感情。

第六章
CHAPTER 6

成功的 8 大关键

口 不成功只因"没有目标"&"不知道和不相信"

感谢演讲和销售，改变了我的命运。我认为每个想要成功的人，都要由演讲和销售切入，因为累积了恩师们的教导及世界级大师的知识，我学会了成功销售的 8 大关键，我要分享给大家。

首先，我们要问：为什么要销售？因为销售能带来成功。不管是一个销售商品的业务员，还是一个寻求资金的大老板，由比尔·盖茨到马云，他们的成功条件就是能说服人，能将他们的理念或商品成功地销售出去。不管是"销售为了成功"还是"成功必须要学会销售"，我们都必须掌握成功的动力及销售的技巧。

大部分的人没有办法真正的成功，原因很简单，第一个就是他根本没有明确的目标。一个人之所以不会成功是因为他被六个字所阻挡，大家都知道这六个字叫做"不知道和不相信"。

为什么会"不知道"，因为格局不高，因为看的不够多、见识不够多、知道的不够多，所以根本没有办法去想象。看不见成功的画面，当然就没有想要成功的动机，当然你就不可能学会销售。

所以，掌握了这些成功的动机及关键，你就会成为奇迹销售的高手。想成功的人，请先问问自己："你真的很渴望成功吗？你知道成功到底是什么吗？"这些都是要花时间来思考，要先进行确认的。

口 成功的第一个关键：知道与相信

世界首富比尔·盖茨他在九岁的时候就已经将《百科全书》倒背如流了；安东尼·罗宾老师之所以会成世界第一潜能激发大师，就因为他看过有关潜意识的书籍超过 9000 本以上。

当然，认识了梁凯恩老师、许伯恺老师之后，我跟着他们到世界各个地方参观，跟世界一流的大师学习，我也开始看到了高层次的世界观。如果我不知道世界上最浪漫的地方是巴黎、最时尚的地方是米兰、全世界最小的国家是梵蒂冈、全球的金融重镇是纽约……那么我怎么会想要去这些地方呢，我又怎么能够意识到广阔的世界呢？如果我不知道一个人可以一个月收入超过 100 万、1000 万，甚至是 1 个亿，那我又怎么会设定如此高收入的目标呢？如果我从来都没有见识过一个个可以同时拥有财富、健康以及两性关系激情的成功人士拥有的幸福的人生，我又怎么知道可以这样规划我的人生呢？

所以大部分的人没有达成自己的目标，没有真正的成功，就因为他真的没有明确他到底要的是什么，他没有看到外面更广的世界，还因为他的格局不够大。

口 "格局"决定"结局"

虽然这几年我非常忙碌，都奔波于达成目标的道路上，但是我还是抽出许多时间跟随师父们去了美国参观苹果公司、谷歌公司等等世界知名的大公司。

我感受到的就是看到它们时，我会感觉不可思议，而且这些地方和公司带给我的震惊不是任何照片、影片所能够感受到的，它是在你身临其境时，内心由衷发出的感叹。当你看到的时候，你会有一种"嗯，这就是伟大"的肯定，且至少你要看到才能知道、感受到。

所以人一定要多出去走一走，看一看，这样才会扩大你的格局，让你知道在这个世界上有很多你过去不知道的东西，它会打开你很多感觉的开关。而当一个人想要去成长，想要去前进，感觉的开关就很重要了。

格局决定结局，如果你没有一个环境可以持续不断地扩大你的格局，并且能够持续增长你的自信，你又怎么可能设定出让生命更不可思议，甚至是热血沸腾的目标呢？

所以，你必须要开始让自己改变周遭的环境，必须要让自己看到的足够多，知道的足够多，然后开始说服自己去相信，相信自己也会这样。这件事情特别的关键，当你拥有一个明确的目标，且100%的相信自己一定会拥有，开始彻底的打开自己"相信"的开关后，恭喜你，第一步就做到了。如果你没有办法做这第一步，后面的你会做得很艰难，通常你会做不下去。没有远大目标支撑的人，是没有办法做到坚持到底的，所以很多人会半途而废，就是因为这个原因。

口 "不相信"就是"不自信"

当你知道的足够多，就要进入到第二个环节："相信"与"自信"。

通俗的说，不成功就因为"不相信"，其实这是一个关于自信的问题，不相信就是不自信。你看过比你富有的人，但是你相信你可以跟他一样吗？同样的，你看过比自己更有影响力的人、更有关系的人、更有贡献的人，能够帮助别人生命创造更多价值的人，但在你看到他们的时候，你能相信自己可以跟他们一样吗？你真的相信吗？此时，这就考验到你的自信问题了。大部分的人他是根本不相信的，甚至他觉得这些人与事情跟他毫无关系。而"不相信"就是"不自信"的反射，当你不相信的时候，你就不会有行动，你就没有办法去把那个结果拉到你的生命当中。"相信"真的是至关重要的。"不相信"的人只会批评别人或羡慕别人，没想到问题是出在自己的"不自信"。

我曾经也是个不敢相信自己能有美好未来的人，我"不相信"我的人生能有好运，我认定了自己一生坏命。直到我进入了周董、超越极限的世界，我看到了无数的可能性，"舜何人也，禹何人也？有为者亦若是！"祖宗有训：事在人为。我采取学习与行动后，我也变成好运的人了。因为，我"相信"了，只是因为我找回"自信"了，就是这么简单。

口 成功的第二个关键：知道自己的天分

一个人没有办法真正成功，原因就是根本不知道自己的天分是什么。

我记得我以前也不知道我的天分是什么，一直到我认识了梁老师、徐老师，在见识了一些舞台及接触一些人后我才发现我的天分竟然就是说话、销售、演说。

原本我只是一个美容院的美容师，天天做着帮别人美容的工作，拼尽所有的力量，花尽所有的时间，大概每个月的收入 3000 块，而这已经是很多了。在此之前，我根本就不知道演说是什么，当我认识了恩师们，他们给我机会让我发现我的天分后，我从原本的那个领域及行业跨越出来，仅用了一年半的时间我就已经月入百万了。

成功的基本元素到底是什么？第一个元素，就是要能够拥有赚钱的本领。我运气好，早在我才 20 岁那一年，老师们就让我彻悟要做跟天分有关的事情。一个人如果不能做跟他天分有关的事情，他就是彻底的在浪费生命了。我知道了之后，生命开始真正地精彩起来。我特别感谢上天对我的眷顾及贵人们给我的帮助，让我在那么小的年龄就知道天分的重要性，以至于在接下来的三年时间，我专注地、彻底地活在我的天分这个领域当中，创造了很多同龄人都没有办法创造的奇迹，也真正改变了家族的命运。

口 天翻地覆的变化：改变自己也改变家族的命运

改变我的格局后，接着我扩大了家族的格局，让家族变得更加相亲相爱，更加有凝聚力。

跟恩师一路走过来的路上，我学会的一件重要的事情就是："上天是不会制造垃圾的，每一个人都有属于自己的天分，而每一个人其实都是天才。"恩师帮我发现我的天分，让它带给我天翻地覆的变化。

一个人之所以会成功就是因为他做了跟自己天分有关的事情，做跟自己天分有关的事情你会学得特别快，而且变得特别有自信，内心会透露出一种激情。现在绝大多人所做的事情根本不是他擅长领域内的事情，为此，倾尽所有的时间换回的仅是能养活自己的微薄收入，混口饭吃而已。就像我在 18 岁之前因为不知道自己的天分，所以活得特别的悲惨。其实在这个世界上 99% 的人都不知道人有天分这件事情，1% 的人知道，而在这 1% 的人中一半又都不相信。

口 "成功的道路上并不拥挤，因为坚持到底的人并不多"

为什么"成功的道路上并不拥挤"，因为"坚持到底的人并不多"。因为相信的人并不多，相信之后愿意 100% 投入的人更是少之又少。如果你现在过的生活不是自己想要的，经济上没有办法满足自己，自己每一天做的事情也不能让自己热血沸腾，想要做的事情总是不能如愿以偿，想要帮助别人却总是没有能力，即便在帮助他人且贡献自己的力量时却总是显得那么微不足道。那么，你就该反省一下，问题出在哪里。当然，这种人想要让公司变得更好业绩变高，一定也是力不从心的。这时，你就要自问你在做的事，与你的天分有关吗？

如果你现在正在过着不满意的生活，那你真的需要改变一下了。当你在做跟自己天分无关的事情的话，你就根本没有办法拥有自信，而且你也没有办法成功，甚至是在浪费生命。

演说这个领域既然是我的天分，再加上我用心的学习和努力，我一定能够在舞台上收获我的光环。目前我的师父给我打了一个分数，评定演说的满分若是 100 分的话，我已经达到 80 分了。原来从事自己天分的事情可以让自己活得这么精彩，而我只需要用接下来的 10 年去填补那 20 分，未来我一定会成为老师一样拥有影响力的人。如果我可以在 30 来岁就能够创造师父 40、50 岁才能创造的奇迹和影响力的话，那我这一生真的就不白活了。

老师说："成功的道路上并不拥挤，因为坚持到底的人并不多。"只要你和我一样发现天分及坚持，你就一定能成功。

口 "下一个奇迹"课程教你发现你的天分

如何发现自己的天分？如何才能明确目标？

"下一个奇迹"课程教的就是这些，我常常带领大家去温习与复习这个课程，因为只有重复才是最有力量的。当你开始明确自己的目标，发挥自己的天分，你做任何事情的时候就会觉得非常的轻而易举，而且充满快乐与激情。只要"知道且相信"加上"确认自己的天分"，你就可以创造天翻地覆的变化，请你相信我的话，全新的一年要给自己做下一个全新的决定，这个全新的决定会给你带来你想要的新生活。在过程中，有挑战是很正常的，因为做任何事情都一定会有挑战，只是我们用乐观去看待挑战，这就会让你的状态自然而然地产生不同，而我保证：结果就会不同了。

口 成功的第三个关键："追求快乐，逃离痛苦"八字法则

没有办法真正的成功？很想要成功？

那么，第三件要关注的就是"八字法则"，大部分的人不懂得运用"追求快乐，逃离痛苦"八字法则，所以没法成功。在这个世界上，所有人的行为大致可以划分为两种，不是在追求快乐，就是在逃离痛苦。如果今天你有一个让你能够奋不顾身放手一搏，无论发生任何困难挫折挑战你都不会放弃的目标，那一定只有两个原因，第一个原因你幻想成功后能够给你带来的快乐；第二个原因，那就是更加强烈的动机，如果你达不成，你就会有巨大的痛苦，甚至会产生一种痛不欲生的感觉。

在这个世界上，绝大多数的人只是在不断地放松自己，不会去磨练训练自己，他们活在自己的舒适圈里，他们认为只要能够保持住现状就好了。但是这个世界每天都在快速地变化，你如果不是正在奋力前行，就是正在准备被淘汰。所以如果你不能够持续地每天训练自己，让自己具有改变的能力，那么你就会本能地为不行动找出更多合理化的理由，然后彻底地放松自己，等待着被淘汰。

一个不懂得运用快乐，尤其是不懂得运用痛苦力量的人根本不可

能建立强大的成功信念，一个没有拥有正能量信念的人也就不可能获得成功。

口 自我设定痛苦的惩罚让我 3 个月收入翻了 33 倍

当我知道这个世界上拥有这两种力量的时候，我就去对照我过去的生命，我发现真的就是这样。当我被打被骂被迫自己筹学费时，我就去捡瓶子去卖。

在过去我不知道的时候，我就已经在运用了"逃离痛苦"的法则，因此，我的生命也就得到改变了。我曾经在收入只有 3 万块的时候，我设定过一个目标就是我要成为月入百万的人。

收入翻 33 倍，简直是痴人说梦，我当时设定完这个目标之后，我自己都觉得自己脑壳坏掉了，不知是被门挤了，还是被驴踢了，这怎么可能？但是我向我的贵人恩师做了这个承诺，我既然说到了，我就一定要做到。我给自己设定的痛苦是："如果我不能够月入百万，我就不配成为恩师的员工。"接下来我就设定了一个极其痛苦的惩罚，那就是每一次见到我的贵人，都要向他三鞠躬，告诉他："其实我不是一个英雄，我是一个狗熊，甚至我就是一个毛毛虫。我没有能力，说到做不到；没有诚信，是一个彻头彻尾不靠谱的人。"我还给自己保证过，如果我达不成目标，我每天见到他都要跟他说一遍这些话，这个承诺让我一想起来就觉得好痛苦。

因为我有一个信念，那就是在这个世界上真正看好我的人并不多，真正愿意帮助我、力挺我的人也不多，若让那些看好我又支持力挺我的人对我失望，那就是人生最大的危机。因为那代表我这辈子都不会再有上进及翻身的机会了。

　　因此，我特别恐惧我的贵人对我失望，这种痛苦的恐惧力量，真的是比撕心裂肺还要再痛苦100倍以上。

　　正是因为有这种痛苦的力量驱使着我，我在那一个月里面平均每一天只睡两个半小时，真的没有休息过。两个半小时的睡眠都还是被惊醒的，我每一分钟都在想：我到底要如何达成目标，这100万我到底要如何完成？

　　这件事是个好事，因为我是一个有压力就会瘦的人，所以在那一个月里瘦了七斤。在那一个月里，我改变了我所有努力的方法、谈判的模式、寻找客户的模式，只要能够跟达成100万收入有关的事情我几乎全都去做了，不管那是不是我能做的或是该做的，我都照单全收，因为我知道我要运用这种力量彻底改变我的命运。

口 19 岁就月入百万

为了能在 19 岁就月入百万，我开始写每日的"公众承诺书"来激励自己冲刺业绩。

在我这种极端甚至是自虐的努力下，最后离 100 万只差 10 万块收入时，我去找我当时的大客户，并且向他承诺："你现在跟我购买 50 万的产品，三个月之后我帮你创造 200 万的营业额。如果我做不到，我就把你跟我购买的这 50 万全部退还给你。"

我这么逼自己，就因为这 50 万的产品可以创造出 10 万的收入，让我达到 100 万收入的目标。我为了让他力挺我，还去找了 6 个朋友帮我担保我的承诺，另找了 7 个他们公司的人帮我来做背书，而且对他们都写了公众承诺书。这个客户被我打动，力挺了我一把，帮我临门一脚完成了 100 万业绩。为了最后一笔目标业绩，我找了 13 个人来为我担保背书。

回想起来，那一个月是我人生充满挑战和激情的一个月，虽然过程很痛苦，但是结果却令人满意，连自己都很佩服我自己，这就是痛苦的力量特别能够驱使人成功的实例。

口 言出必行，逼自己一把

相信"追求快乐和逃离痛苦"的力量吧，因为它我做到了月入百万，那时是我 19 岁的第三个月，其实这是我生命中一件值得骄傲的事情，而运用的就是追求快乐和逃离痛苦的力量。

达成了 100 万业绩后我也照承诺帮助那个超级大客户完成了 309 万营业额。当有人愿意力挺你的时候，你一定要说到做到。我清清楚楚地记得 309 万这个数字，我亲自帮他洽谈，在两天内就帮他做了 309 万的营业额。认识我的人都知道，其实我对于金钱是没有太多概念的，如果我不是给自己设定了这样的目标，并且运用追求快乐和逃离痛苦的力量，我是没有办法做到这个数字的。

我希望大家先不要去怀疑，先要去相信"追求快乐和逃离痛苦"的力量真的会让你的生命发生巨变，你一定和我一样，要逼自己一把！先承诺再言出必行，就是要这样逼自己一把！

口 成功的第 4 个关键：吸引力法则

为什么有人没有办法真正成功？

第四个原因就是因为不懂得运用"秘密"与"吸引力定律"。

这个世界上所有的万事万物都有其定律，而凡是会使用宇宙秘密吸引定律的人都将会实现梦想，而且轻而易举。人类的力量再大都胜不过大自然，大自然只不过是地球的一部分，地球只不过是太阳系里的一颗星球，而太阳系只是宇宙中数万亿的星系之一。如果你懂得运用吸引力定律秘密法则，那么就意味着你运用的就是宇宙的力量，而运用吸引力法则最重要的就是你相信的程度就等同于力量的大小。然而在这个世界上绝大部分的人根本不懂得"信任"的力量是巨大的。你相信什么你就得到什么，你之所以会得到，是因为你相信之后的采取行动，而行动了才会有结果，唯有行动才会让你运用你学习到的东西。

智慧的人会做的一件事情就是去相信，既然我决定要学习要成长，学来的东西也都是未知的，对于未知的我要去学习，我怎么去判断它的对与错呢？我不能，但我要先"相信"。既然我决定我要去学习了，那我就100%的投入，在相信的信念中勇往直前，不要问对错，先学习再说。人生要么不做，要做就把它做彻底，这样生活就不会有纠结，生活就会更加的畅快。成功的第 4 个关键就是吸引力法则，你相信它会发生，它就会帮你把宇宙中的能量为你吸引而来。

口 相信目标，相信吸引力的强大

相信，会让我们每一个人产生巨大的力量，这种力量会让我们将所有的想法化为现实，把目标快速呈现在我们的面前。而相信吸引力法则的人都会很快乐，因为他们所做的就是将他们所相信的落地实施就好。

一个人开始感到未来是模糊时，就会有无力感与无助感，而且觉得做什么都不称心如意，都会犹豫不决。想成功的人，你需要让自己彻底的明确，因为明确会产生力量，而相信就是一种明确的体现。

所以要让自己相信，相信贵人跟你说的话，相信老师教会你的东西，相信你身边正能量的人，相信那些创造奇迹的人，相信那些已经成功的人，而不要相信失败的人。

口 成功的第 5 个关键：运用潜意识

第五个没有真正成功的原因，就是不懂得运用自己强大的潜意识力量。

根据研究发现，全人类真正使用的我们内在的巨大潜能，终其一生都不会超过 10%，换句话说，我们的体内至少有 90% 以上的潜力是没有被使用也没有被开发出来的。

所以当你老觉得自己有所不足、不够好时，这就是一个最大的谎言，因为事实的真相是你根本就不知道要如何运用自己内在巨大的潜能。

上个世纪全人类最聪明的人第一名是爱因斯坦，他也只不过发挥了部分的内在潜能就成为世界第一。事实上现在已经有越来越多的方法发现，能够帮助人有效地激发内在的潜力，所以，对于我们个人而言，我们应当寻找最有效的方法去激励自己内在的潜能。

每个人都应该要学会激发自己的潜能，并且学会运用适合自己的强大潜意识力量。如：方法之一就是录制自己的专属潜意识CD，上过"下一个奇迹"课程的人，就知道潜意识的力量，也都知道需要去录制自己专属的潜意识CD，但是真正会去做、去听、去落实的人却并不多。而我，听话照做，制作自己的潜意识CD，并且每天都反复地听，我的人生就变得更加充实，人生目标变得更加明晰。

□ 成功的第6个关键：找到好教练

第六个没有办法真正成功的原因，是你没有帮助你成功的教练。

教练的等级，决定选手的表现。绝大多数的人不知道该怎么做的时候，其实在这个世界上早就已经有人把我们渴望做到的事情完成不止是一倍、十倍，甚至是一百倍以上。

在这个世界上，全球各领域排名世界第一的大师们都拥有着极大的格局，并且他们拥有丰富的经验，尤其是从失败当中获取的宝贵经验，也正因如此才能够让他们成为该领域的世界第一。与其抱怨与等待，何不向大师们请教取经呢？全球有70亿人口，无论你成为哪一个领域的世界第一，就可以说是这个世界上最厉害的人之一了。

既然我们所渴望的秘诀早就已经被人掌握，那么我们为何不为我所用呢？为何不立刻去寻找最顶尖的老师来学习呢？我清楚的知道，我能由流浪上海街头且夜睡麦当劳15夜到现在住在上海外滩豪宅里及拥有名车，能在 8 年里就让生命至少精彩一万倍以上的核心关键，就是因为我的老师们都是世界级的第一名，而我只是听话照做而已。我彻底地学会世界成功者的秘诀，我庆幸能活在这样的环境里，让我能够每一天都快速成长。我时不时地翻出老师的录音来听，我也经常会翻开我自己的学习笔记，即便是几年前的课程，但我每次温习时都觉得是全新的内容，因而对自己的生命又有了全新的感悟与醒觉。找到好教练好老师，你就又接近成功一大步了。

□ "无所谓"的众生生活状态

没有办法真正成功，原因就是没有设定明确的标准。

在这个世界上绝大多数的人，对自己是没有标准的，他们经常唱着叫做《无所谓》的一首歌。到底要住什么样的房子？无所谓，只要能够遮风挡雨就可以了。到底要开什么样的车子？无所谓，偶尔会做做梦，梦见自己开着法拉利，但根本就没有为这个梦想付出任何的行动，也没有做任何准备。在工作的时候也总是得过且过，从来不会想要创造更高的价值，反正一天就是工作那么多时间，收入也就那么多，当一天和尚撞一天钟好了，无所谓了。

对于另一半，有多少人会积极争取？会拼命地去追求自己所渴望的另一半呢？多少人是通过相亲及相亲网得来的另一半？反正大家都这样，无所谓了。跟朋友同事聚会时，绝大多数的人习惯于开开玩笑，说些负面的时政新闻，讲的都是抱怨及八卦，根本就没有想到应该说说自己的梦想。因为梦想还没有说出口，就被大家嘲笑的口水给淹死了。

为什么没有认真去选择自己身边的朋友，为什么？因为无所谓了。到底有多少人每天是迫不及待地起床？大部分人的现状是只要是不赖床就已经不错了。又有多少人会想要起床运动呢？运动？生活已经如此枯燥无味了，干嘛还要运动？多少人觉得，活得更久有什么意义？所以是否健康，就无所谓了。收入够花吗？这种问题最好别再问了，大家都不够花，不是吗？存钱？不要开玩笑了，一个月能够存多少钱？一年又能存多少钱？随便发生个事，钱一下就没有了……想这些干嘛？想这种事太痛苦了，于是就继续打游戏、看电视连续剧、谈论别人的痛苦与快乐来逃避自己的现卖人生。

口 没有目标而活的人，等于是天天在等死

无所谓的人，就像鸵鸟一样把头埋起来，每个月把钱花光做个"月光族"。

于是，许多人变成了及时行乐，认为学习没用，谈什么未来，谁知道能不能看到明天的太阳呢，对这些"无所谓"的人而言，他们看到台上的超级巨星、看到成功的企业家、看到那些成功的团队领导人、看到那些比自己有影响力的人只是会羡慕，

总会说："那是他们，不是我。"看到自己的同学、跟自己差不多的人竟然比自己成功，可能会在背后说："他们就凭运气而已。"又或者你做着一个小的生意，为了签个订单总是每天喝到醉生梦死，但其实你根本不喜欢这样的人生，更不喜欢这样的生活方式；又或者总是活在三角债高筑或库存如山当中，明明知道这样最终是死路一条，但又找不到其他的方法，就只能维持现状不变，继续在那边看着自己做着越来越不健康、越来越不喜欢的事，最后的结果只能是等死。

没有目标的人，就等于天天在等死而已。

口 成功的第 7 个关键：设定明确的标准

无论你有什么样的能力，如果你没有明确的目标；你没有发现自己的天分，你没有运用信念的力量；也没有运用宇宙的定律；也没有运用潜在的力量；也没有去寻找最顶尖的教练，那你学会了许多能力又有什么样的用途呢？

我们都曾经学习过，但下课后你真正想到自己学到了哪些东西么，课堂上真正讲到的东西、落地了多少、运用了多少？学习的内容不在

乎多，在于你是否学完立刻去用。学习的目的是为了改变，没有改变的学习等于没有学习，不如不要学习，如果你学了就用，让自己改变，让身边的人也去改变，自然而然你就会在这样的环境里持续改变，并且创造奇迹。

改变说话及销售的模式的人就会持续创造奇迹。一旦你设定了目标，你就会学习、运用、改变、创造奇迹。但目标必须明确，有时间、有数字、有具体流程。许多为目标努力却没有成功的人，原因之一，多半是因为目标不明确。

口 不要再说"如果生命能够重来……"

这种人总是在抱怨：市场不景气、竞争太激烈、利润越来越少、政策不好、身边的伙伴不行……却从来没有想过自己的问题是：靠着模仿，没有独创；无法吸引顶尖人才，不加强领导力。

这种长于抱怨的人，就算拥有了顶尖人才也留不住，自然创造不出全新的世界。忙忙碌碌，天天都没有足够的时间，没有足够的睡眠。

猛一回头孩子长大了，再一看父母老了没法好好照顾，再一看伙伴都走了，身边孤独一人。再想一想，到底为谁辛苦为谁而忙呢？如果生命可以从头选择一次，你会做什么样的选择？你又会怎么做呢？如果这个世界上有一种方式可以让你同时拥有健康、财富及幸福的家庭的话，你又会做出这样的选择吗？每一个人的生命中必定会有让自己热血沸腾、迫不及待、赶紧起床的生命目标，你知道那到底是什么吗？

你必须知道，唯有这样的明确目标才能让你成功。不要再说"如果生命能够重来……""如果我有机会再次……"这种话了，你要做的事，只是在今天就定出明确的目标。

口 不要放过你自己：要对自己有明确要求

你必须要对自己设定标准，要对自己有明确要求，人不能活在邋里邋遢、犹豫不决、老是瞻前顾后、怕东怕西的状态里。

一天只有 24 小时，一个月也只有 30 天左右，你应该让自己活得充实、无怨无悔。人生短暂眨眼而过，人的一生不是对任何人的交待，是对自己的一个总结，这样才知道自己在哪方面需要成长，在哪方面需要进步。要让自己活得非常的有水准真的不容易，而你对于自己的标准就决定了你的结果，千万记住：不要放过自己，不可放松标准。你若是放过自己，所有人都不会放过你；如果你不放过你自己，所有的人都会敬仰崇拜你。两种人生自己选择。

对于我的生命而言，我往往让自己活得会有点辛苦，但我为我的选择无怨无悔，因为我已经验证了太多次了，这种辛苦总是能换来巨大意义和价值。

口 成功的第 8 个关键：设定周星驰的完美标准

我的恩师教会我，你能够创造的价值取决于你身边有多少人是因为你而改变的，所以我誓言要帮助我身边的伙伴都能够成为百万富翁或千万富豪。我曾在 23 岁帮助我自己团队的 20 个人成为百万富翁，所以 2016 年我至少还要帮助 20 个伙伴成为百万富翁，这是我的最低目标。这样的人生里程碑值得设定与追求，做这件事情会有点辛苦，但我会全力以赴，因为这是值得的，是我对无怨无悔跟随我的伙伴们的回报。2016 年年初，我花了三天时间来闭关，思考了所有的一切，定出了所有的一切，就是要让我更加勇往直前，没有任何障碍和阻碍。

就像周星驰这位在整个电影圈里被称为"变态"的大师，他对自己的严格要求，就是希望现在所拍摄的片子要在 30 年后看来依然能让人惊叹不已。

大话西游的传奇能够流芳百世，我也希望能够创造出属于自己的传奇。我们都知道大导演徐克在华人影坛中具有崇高地位，他竟然也要求到周星驰的电影里面去客串一角。客串完的心得是，周星驰果然是个"变态"的人，因为他见识到星爷在整个拍摄的过程当中，每个演员的每个细节他都会亲自先演一遍，然后再进行调整，如果不行他就会一次又一次的表演给演员看。演员表演完后，他会如何评价？他常说的经典的话是"完美"。但是，接下来他的要求是"再来一次"。

完美，再来一次，这是多么高的标准？如果看他拍片的幕后花絮，演员在表演之后周星驰永远都会讲："完美，让我们再来一次。"这代表着他要的不只是完美，他要的是超乎想象的标准。也难怪在看《美人鱼》这部片子时，看到每个演员都仿佛看到了周星驰一样，原来他们的演出标准就是周星驰。

这到底是一种什么样的要求标准？他的大脑到底在想什么？他的目标又是什么？一定要让后人记住他，才会有这样的高要求吗？

周星驰的标准给了我非常大的震撼，我突然发现我也应该要对我的人生设定更高的标准，要让自己做的每一件事情都更有价值、更有意义、更能够对他人产生帮助。以上这8个成功的关键，都是真实可用的，与大家分享，相信对你一定有用！

充满爱的美丽天使——徐子琪

我是单亲家庭长大的孩子，15岁自己半工半读完成学习，帮助妹妹完成学业，照顾好妈妈，如今在上海拥有公司，整形医院，千万别墅，百万名车，幸福的家庭，帮助山区孩子，修寺……

我觉得生命最重要的就是爱和感恩，我的人生使命，就是要做一个创造美、传播爱的慈善女神，我是做医疗美容的，我们的标准就是每一台手术都是为家人而做，未来我们的企业一定会上市、产生更强大的影响力，而时下我就是那个永远奋斗努力的徐少年！

我非常喜欢园园，被她的经历所感动，坚韧、坚持、聪慧、吃苦……

她对我的影响是只要你要就一定可以！知识是能改变命运的！

想对园园老师说：你是我见过，最优秀、特别的女孩，把所有的祝福送给你，你值得拥有这个世界上最美好的东西！加油！

第七章
CHAPTER 7

销售是通往梦想的唯一途径
之奇迹销售的核心秘诀

> 销售读心术之基本功
>
> 1. 客户的 6 个问句
>
> 2. 成功销售的 6 个流程

口 演讲、销售与音乐

我的一生，因为学习演讲、销售而扭转命运。

在上安东尼·罗宾和超越极限的课时，总会在教室里听到正能量的音乐，起先不明白，到后来就明白了，因为老师在上课之前，要先调整我们的心态。

现在我学到的是，要学会高超的演讲、销售技巧，要善用音乐营造同步氛围，改变学员们的心态。

好的音乐让人振奋人心，并且能够较好地改变人的状态，当一个沮丧的人听了充满激情振奋人心的音乐，就能够给自己带来正能量，改变自己沉郁的心。正能量的、很 HIGH 的、高频率的音乐可以让你的状态变得更好。因为成功就是状态"，音乐是能改变状态的好方法之一。

在销售时，不是口才或商品决定成交，而是状态。要知道做任何一个销售时，不管是几百块、几千块、几万块，甚至是十几二十万的，都牵涉一个核心观点，那就是强调状态，状态太重要了，它决定成败。

口 状态决定销售奇迹

我曾听梁凯恩老师讲他的这段经历，他与一位客户成交了 1.2 个亿的合作，合同也签了，款都打了 5000 万了。当他已把这 5000 万花完时，结果对方通知说要退费。对方找了一堆理由，足以说明要无过失退费。

请问你会怎么处理？你能有什么杀手锏？老师当下的对策，还是善用这两个字叫"状态"。他就告诉他自己，处理这件事的"状态"，那就是"我一定不能退"！所以他告诉客户："不退5000万，而且还要你把剩下的另外7000万打进来，不然我就跟你死在一起，不管你如何哭天哭地，今天我就跟你同归于尽。"

一般人没有办法感受到那种杀伤力，但我听老师讲这个过程时，感觉我是在听天书，觉得很是神奇，并且不可思议。

总之你能想象的一切和你不能想象的一切语言都很难来形容它。我当时的觉悟就是：状态决定结果。

口 "勉强别人"是理所当然

梁老师也告诉我们，在这个世界上没有人可以决定你，只有一个人能够决定你，那就是你自己，你决定怎样就会是怎样。

这是我们曾有过的对话：

我说："老师，我总有一种感觉，就是勉强别人不太好意思。"

老师说："为什么勉强别人不太好意思？勉强别人就是四个字。"

我问："哪四个字？"

他说："理所当然。"

我问："老师，你说什么？"

老师说："勉强别人就是理所当然。"

我说："好扯。"

他说："哪里扯，根本就不扯，勉强别人过得更好，这代表我有大爱；勉强别人变得健康，这代表我有使命；勉强别人生命过得更传奇，这代表我有价值。"

乍一听起来，感觉不可思议，老师告诉我们其实左右自己的不是别人，是谁？就是自己。所以在做销售的人，或是其他领域的人，不管你是在与人交流还是要成交别人，只要你记住一件事，那就是你想要的结果，当你决定了，你就已经达到了。

听起来很扯对吗？但这就对了，做销售的、创造奇迹的不扯一点，怎么能创造奇迹？

口 "销"的是"自己"，"售"的是观念

现代人必须懂得一个主题叫做"销售"。

所谓的销售什么？销售的又是什么？

销售，前提是你必须要知道你销售的是什么东西。首先，我们必须认识清楚一个观念，我们销售的不是什么物品，我把老师教会我的融会贯通，继而总结了这个结论：销的是"自己"，售的是"观念"。今天你要让一个人买你产品，是因为这个产品是天下无双、独一无二的么？只有你有，别人都没有的吗？是你这个产品100%能救他的命，不然他就会死掉吗？是他倾家荡产都一定要买你这个产品吗？是这样吗？想想看似乎不是这样。所以销售销的是什么？销的就是你自己，把自己销售成功后，就会有人愿意为你而买单，有人愿意为你死而后已，有人愿意为你拿命力挺，有人愿意为了你付出，这都是有可能的。

口 关键就是"信任"

既然销的是自己，成功的关键就只有两个字，那就是：信任。

人与人之间的销售建立在两个字上，那就是"信任"。

人们对产品的信任来自于对你的信任，所以，别人对于你的信任

度达到多少，就会决定对方会跟你购买多少的产品。举例说明，我连续当了许多期超越极限课程的主持人，在课程现场大家就都认识了我，也知道了我是徐老师的入门弟子及超越极限的讲师之一。所以大家对我就会有了信任，有很多同学在购买产品、项目时，就会直接把钱打给我。不只是三两万的课程费，有人会把投资100万、200万甚至更大的金额打进我的账户，他为什么不担心？本来我要求把钱直接打给公司账户，但是对方说："石老师，我们还是打给你好了。"

在他们看来，他们对我更有信任感，愿意把钱打给我。事实上，他们毫无怀疑地把钱打给我，说明对方相信的不是这个产品，而是我这个人。

这个当下，我所销的就是我自己，因为别人对我100%的信赖，所以才会只是在一节课上认识后，就把几百万都打到我的账户里。

口 "融"资融的也是"信任"

每个销售者都要明白这个道理，既然销的是自己，那你就要问问自己，对方对你的信赖感、信任度到底有多少？

如果你的信任度只有10%，那你只能得到10%的结果，甚至10%都不到。如果你的信任度能有100%，那你得到的结果可想而知，一定是非常不可思议的。

计划要上市的公司最需要就是融资，因为它需要更多的人帮助，同样也要帮助更多的人，让更多人的生命能够因为公司的上市而变得更好。那么融资，"融"的是什么？融资融的就是信任。上市看不见摸不着，只能听人讲，而且上市融资和投资都有风险，别人是否选择投资，最主要的是取决于对你这个人的信赖度。

我对于我的恩师老板周大森董事长特别信赖，只要是周董叫我投资，我几乎是拿出全部家当投进去。只是因为我相信老板，他说能上市的公司，我相信一定能够上市。我们公司的核心圈都很相信这个愿景，既然大家有共识公司要上市，所以大家全力以赴地力挺到底，因为我们要一起见证公司一步步走向上市，继而我们会把自己的客户、新朋旧友、兄弟姐妹全都拉进公司。

我们的信心是人的天性就是善良的，正如古语所说："人之初，性本善。"大家的出发点都是善良的，都是渴望将美好的、幸运的、能够帮助到自己人的事情不断地分享、不断地传递，而公司就是这些好东西的载体，这个信念的传递会增加人的自信心及强化信赖感。

今天在马路上拉一个陌生人要成交他 10 万很难，而找一个非常相信我的人成交 100 万反而更容易更简单。所以，销售第一个理念，销的是自己，靠的就是你的信任度。

口 要靠"说到做到"累积信任度

那么信任度要怎么累积？

就是在你的过去，是否有做到"说到做到"，是否真的为大家考虑到，是否真的为大家付出，你对别人承诺过的是否真的做到？你与客户之间的交流，是否给到别人安全感，你对人说话的感觉是诚恳还是尖酸刻薄？你与朋友之间的交流是否真的很愿意付出，很愿意为别人着想……这都是在累积你的信赖度。

在师门里，大家公认我是最活跃的、最爱动的、最爱帮大家跑腿做事情的人。我虽是台上的老师，但我愿意为大家洗碗、洗水果，做事情跑前跑后，因为我觉得在师门里，大家就是一家人，不分你我，不分尊长，为了团队、公司、这个家我愿意付出，我愿意给予，这也说明我做到了让人信任！

口 做到角色分明、功能分明

我每次回到集团公司，总是竭尽所能地做我所能做的一切，没有身份、没有价值的考虑，我就是秉持这个态度，认为这是自己的家，所有为自己家干的事情都应该干到底。

我到营业的店里也是一样，我从不拿我过去做到的成就去抬高我自己的身价，我也从不拿我自己过去创造的奇迹来把我的价值抬高。我很清楚自己的定位和价值，如果回到集团公司，我就是一个员工，除了老板就是员工，所以我要把员工做的事情都做好。今天我去到店里，我就是一个销售的老师，目标就是要达到销售的结果，所以我愿意去亲自服务顾客，去跟客户沟通、交流，去为客户端茶倒水；今天我作为一个公司的培训老师，去到一个地方就是要帮助团队成长，只要能帮助他们成长，我愿意跟他们一起进步，一起做任何的游戏。我做到角色分明、功能分明。在这些小事情的累积过程当中，能够让别人对我产生信赖感，让他们知道我是一个值得信赖、可以依靠、值得交流的人，接着我就成为一个可以给予别人安全感的人。

销售第一步要做的就是，你要让别人对你产生信赖感与安全感。

口 你"售"予别人的是"观念"

非常重要的第二个观念，销售的"售"，售的就是"观念"，就是你的价值观和你的信念。

一个人能够跟一个人走得多久，打交道打得有多深，就看彼此的价值观是否相符。如果这个人的价值观和你不同，你们注定会分道扬镳。

价值观的排序是没有对错的，它因人而异。有人把家庭摆在第一位，有人把事业摆在第一位，到底哪个对哪个错？没有对错的，只是个人的选择。如果你的价值观是诚信的、付出的、贡献的，而且是主动给予付出的，那么有同样价值观的人彼此在一起就比较容易产生好感，你也会成为让人容易靠近的人。当你和金钱观淡薄的人在一起时，你会发现钱的价值就没那么高；当你跟一些爱成长的人在一起时，你会发现成长的快乐和满足；当你跟一些做事认真的人在一起时，你就倍增自信和成就感。

因为，跟什么样的人交流就会传达什么样的信念。你能带给客户的观念，就是你已知的信念，你传达给客户的也就是你所了解和知道的。所以，销售"销"的就是自己与别人对你的信赖感，"售"的就是观念，也就是你传递出去的价值观和你传递出去的信念。

首先，你给予别人什么样的感觉，都来自于你的价值观；其次，你给予别人的感觉来源，还有第二个元素，它就叫做"信念"。信念是什么？信念，就是你做事情的态度。

有些人做事情总是"有头无尾"；有些人做事情总是"龙头凤尾"；有些人做事情总是"半途而废"，事实上，这些作为都是你累计信念的基础。

一个人不管是大事还是小事，当他决定做了，他就会得到结果，因为他已累积了对自己的信念，也就是做事的信念。信念让人累积成功或失败的习惯，所以，一个人的信念，早就决定了一个人的结果。

口 一无所有的我，永远不怕从头再来

当我销售时，我没有恐惧与障碍，不计一切只求达到成交的结果。为什么我不会顾虑及害怕？为什么我没有被拒绝的焦虑及失望？因为我有这个特别简单的信念，我是资源贫乏的养女出身，初二都没毕业，先天条件差，基本上我本来就是一无所有，什么都没有！正是因为曾经什么都没有，所以即使只获得一点点我都非常非常的珍惜。

我原本就一无所有，所以现在拥有的，都是多出来的，都是别人给予我的，我只有向所有的人都感谢。

我另外一个信念是，既然曾经什么都没有，所以现在我所拥有的，都是多出来的。既然如此，如果失败了、损失了，又如何？大不了从头再来，这就是我的另一个重要的信念。这个信念让我做很多事情都没有障碍，再大的挑战我都不会犹豫。而这种信念让我在别人犹豫时，就已及时抓住很多机会并勇往直前。大部分的人在机会来临时老是怕这个，怕那个，考虑左考虑右，前思后想："万一失败了怎么办，万一亏本了怎么办，万一被骗了怎么办……"在很多个"万一"当中，机会就失去了。其实在这个世界上不必那么多犹豫，因为犹豫得到的必定是犹豫的结果。一无所有的我，珍惜感恩且掌握机会，我不怕重新来过。

口 我的信念："简单、听话、照做"

我做事的特征就是简单果断，原因就是"简单、听话、照做"这六个字。

我曾跟自己沟通："你看，初中没毕业，农村来的，要家境没家境，要背景没背景，要学历没学历，要文化没文化，要经验没经验，要外貌没外貌……你有啥值得骄傲的？你唯一能做的就是好好感谢老天对你的眷顾，好好珍惜你面前的一个又一个贵人，好好地感恩，要努力

成为贵人离不开的那个人，要为贵人创造不可被替代的价值，自己唯一能做的就是简单、听话、照做，在这个世界上需要被帮助的人太多了，那么别人为什么要帮助你呢？因为你有一个好的态度，因为别人在你这里能够得到别人想要的结果，因为你能为别人创造价值。

既然有一个比你聪明、比你厉害、顶尖的人出现在你的面前教你，你只有简单、听话、照做，你还有什么资格和理由去拒绝？"所以这就是我的信念。

□ 钱放在银行只是数字，只有在花出去时才有创造力

我的成功销售秘诀之一，就是我会分享金钱观。

我在销售的过程当中一定会传达给客户的这个思想："在这个世界上，钱放在银行的话，它就只是一串数字，仅此而已，没有生命力、没有活力、没有价值、没有创造力。钱只有在花出去的时候才是最有活力、最有生命力、最有创造力的。"

这是我在跟客户交流时最主要传达给客户的理念。我会跟客户说："你生下来的时候有钱吗？"他说："没钱。"我说："你死去的时候会带走一分钱吗？"他说："也不会。"接着我会说："那么你留下这些钱到底应该干嘛？不管你把这个钱花在哪里，它总之就是会被花出去的，既然花哪里都是花，你为什么不投资在自己的健康、自己的大脑上？既然这个钱总是要花出去，那么与其再买一部车子或是多买个包包，让别人说你是土豪或富太太，甚至让有些人怀疑你是小三，不如把这个钱投资在自己的大脑、成长，投资在能够让你生活品质变得更好，让你整个人变得更优雅的、更高端的、更时尚的、更有品味的事物上呢？"

我提醒客户，把钱花在学习上，比买一些奢侈品来得更有意义。

甚至，把这个钱用来捐出去，帮助那些贫困的人，帮助那些需要被帮助的人，生命的意义就会变得更好。这就是我对客户传授的信念，这也是销"售"的一部分，而且是重要的部分。

口 是"信念" 让顾客掏钱购买

接下来就要讲到销售最重要的关键了。请记住：顾客掏钱买他想买的！而我们的工作是协助顾客买到他认为最合适的。

他认为最合适的到底是什么呢？就是通过你与他之间产生的信赖感，你所传达出来的、你给予的信念、你给予的价值观、你给予的引导、你向他建议的产品，这些就决定了顾客最后会决定他最适合的是什么。

有很多客户问我"石老师，你觉得我是报一个公众演说课程好，还是报一个奇迹套餐课程好？"我的回答是："我觉得你应该报名徐老师的弟子好。"他一定会问："为什么？"我会告诉他，拜徐老

师为师与公众演说、奇迹套餐有何区别，我协助顾客意识到拜师才是他最想要的，我协助客户买了他认为最合适的，这就是销售的最高境界。

口 销售的两大核心："感觉"&"好处"

销售有两大核心，第一个核心叫做"感觉"，第二个核心叫做"好处"。

所谓的感觉是什么？举例：你跟一个人聊天，你怎么都觉得他让你很不舒服，不要说他给你销售了，他往你面前一站或者你听他讲讲话，你都觉得烦躁，都觉得恶心，甚至想要逃离。

人与人之间的第一个感觉非常重要，要有一个好的感觉，才会有一个好的开始。这与两个人谈恋爱一样，会谈恋爱的起因只是因为感觉很好，所以想要聊更多、沟通更多、有更多共同的话语，所以要与客户先建立好的"感觉"。感觉的内容包括企业的形象、产品的摆放架构、人的交流品质、环境的好坏、说话的声音大小、语调的节奏感甚至是你的肢体动作等等，这都会影响顾客的感觉。

口 了解每个人的快慢节奏与感觉不同

有些人的性格是属于那种慢性子的，说话慢、行动慢、思考慢、决策慢、写字慢，他做什么都是慢的。像这种慢的人，你跟他的沟通就需要慢一点。你满足他的节奏感，跟着他的节奏他会觉得很舒服，要让他感觉"好"。

而如果有人把我当客户，就应该明白，我不适应慢节奏，我是快节奏，说话干净利落，做事情"咔咔嚓嚓"，一步到位立刻解决，立刻要出结果。跟我这种人交流你就需要立刻、马上、快速、迅速解决问题。对我而言，时间就等于生命，与我们这种节奏快的人做沟通，你就要有这种对应。

有些人是属于重视快乐，注意力属于分布式的，他喜欢你跟他讲一些有的没的，当聊天聊开心了、聊爽了，接着要他买东西，他一定会买。

销售者应该要注意，每一个人都有不同的节奏感与习惯。今天如果面向的是一个平民销售，你就不能够向对待将军的态度对待他，但是你也不能全拿对待平民的态度去对待所有人。唯有顾及不同典型，才能全面顾全大局。

同理可推，以我这样节奏感很强的领导，我也要体谅学生的节奏会跟不上，所以我会发一些重点内容到群里面，因为我要照顾那些学得较慢的人，让他们通过文字边看边听，帮助他们记得更快、融入得更快。

有太多次的经验，我与客户聊了 59 分钟，内容都跟产品没有关系，但聊天的过程感觉太好了，所以在最后一分钟他就做了决定要买产品。这就是成功的销售秘诀："感觉好，就决定成交。"

口 购买行为就是"感觉"的传达

做销售的第一个条件：你要给人一个好的感觉。从你的声音、打扮、交流、环境、产品、你所准备的方案、你所做的一切准备工作等都决定了别人的感觉好与坏，这是销售的第一个核心。

人们买不买某一件东西，真正的决定性力量就是"感觉"。所有的购买行为都与"感觉"有关。

举例说明：为什么有人会订制高档西装？一般普通的西装大概一千元就够了，而昂贵的订制西装通常是七八万，请问：材料真的有差七万块吗？请问：做工真的有差七万块吗？其实都不见得。为什么人们还是会去购买高档西装？因为高档西装满足了自我"感觉"的重要性。当身上的西装是量身订做的高档品牌，他穿出来时就会感到尊贵及时尚，他会穿出自豪与自信。所以，不管是时尚感、尊贵、自豪、成就还是与众不同，这些广告中常见的字眼都在形容什么？形容的都是感觉。

所以人们买不买一样东西，从来都不是当下才决定的，都是他早就存在的感觉而决定的，是"感觉"在支配成交，而你要自问的是你有没有让别人有好的感觉而愿意成交？

口 唯有多次销售才能找到"感觉"

感觉是什么？感觉就是一种看不见摸不着而影响人们行为的关键因素之一，这个感觉需要你多去锻炼，如果你做了100次销售，你一定会在这100次销售里找到适合你的节奏，你会发现各种不同的人的天性，找到与人交流的共同点，找到你去转换感觉的方法。

销售要多做，不要恐惧，第一步就是要开始。为什么第一步是要开始？因为当你开始了第一步，慢慢累积，你的感觉拿捏度才会更好。老祖宗是特别智慧的，古话"熟能生巧"就是指这件事。任何一件事情你只要做了100遍，你一定会有一些心得、感悟和体验。销售也是这样的，如果你一天做3遍销售，一个月就有100遍，如果你拿一个月的时间去练习你的销售，你会觉得非常值得，所以你要下苦功夫，多去练习，以便掌握销售的第一核心——"感觉"。

□ 销售的第二个核心是"好处"

销售的第二个核心叫做"好处"。

"好处"是什么？

好处就是能给对方带来的快乐，能够给对方带来的利益，也就是能为他减少或是避免麻烦痛苦的东西。人的行为模式可以用八个字来概括，就是"追求快乐"和"逃离痛苦"。

"好处"就是这样，只要我能为客户带来快乐和利益，只要我能为对方减少痛苦和麻烦，只有明确了这一功能，就会加快对方的行动。成功的销售都是有"限时、限量、限价格"的，事实上，这就是在增加快乐，如果你当下没有立刻做决定而造成损失，就是在制造痛苦点。销售就是这样，你能够给予别人的好处越大，别人的行动力就会越强。

顾客买的是什么？顾客买的就是通过这个产品或者这个服务带给他的好处。成功的销售就是创造能够让客户心动的"好处"，所以他买的不是产品本身，而是买它带来的"好处"。

比如说：欧美滋公司的服务是做丰胸，我们的产品可以让胸部大三个罩杯。客户是买这个产品，还是买这个产品带给她大三个罩杯、丰满三个杯的结果？毋庸置疑，当然是买这个产品带给她大三个罩杯的结果。接着，完全没有激素就可以丰满三个罩杯，你让她选择三个月的和一个月的疗程，不用怀疑它必定会选择买一个月疗程的，因为她要的是这个结果及好处，大部分人不在乎那差价。

□ 低级业务员着重对产品的说明

重点是你的产品能够带给别人什么好处，而对方绝对不是买你这个产品而已。最笨的销售业务员，总是把他的产品介绍得非常多非常仔细，由如何加工、用了什么原料、原料如何找到、产自何处、通过多长时间的运输、如何运输到工厂甚至还有工厂有多少个员工，这个产品经过多长时间制造或检测，得了那些证及什么奖等等其他相关的产品说明，说了一大堆，客户听到的是什么？感觉是什么？是：这些干我何事？与我有什么关系呢？

客户要的是这个东西带来的结果，而非产品本身。经常有客户要我帮他介绍一下产品，我的回答是："你要产品吗？全世界几万件、几十万、上百万件产品，产品都大同小异，最重要的是你要确认产品给你带来的结果，对吗？最重要的是你通过跟我买，我给你提供的服务对吗？最重要的是我把这个产品送到你的手上，能够让你的生命变得有多么好，对吗？"客户通常会说："对。"所以我会继续说："那你就不需要知道这个产品什么详细来历，我只保证这个产品的重点有三个，第一、是无公害的；第二、是有效的；第三、我是愿意为你负责到底的。"这样，客户的信赖感就建立了。

信任感建立了之后，我就继续开始告诉他好处："你知道这个产品用完之后你会怎么样吗？你会有什么结果吗？你用了这个产品后，你的精神状态会有大大的改观，不仅是外貌改变而且在心灵上也有所升华。"销售就是这样，你只要告诉客户许多好处。结果客户通常就会说："天哪，真是太好了，我买。销售就是这么简单，所以我的成交成功过程就是这样。

口 **熟悉销售之后，销售就变简单**

在我看来销售非常简单，但每个人熟悉与练习的程度不同，所以结果就不同。对于我的师父许伯恺老师而言，演讲就非常简单；对于我的老板周大森董事长而言，经营企业、管理团队、吸引人才就非常的简单；对于我而言，销售就非常的简单。那是因为我们练习得足够多。

对于顾客而言，顾客只需要明白产品会给他带来什么好处，能避免什么样的麻烦他就会购买。三流的销售员卖的就是"产品"，就是一直在讲产品；而一流的销售员卖的是感觉与好处。只要你告诉客户你可以给他什么，而且是只花 1 块钱就可以得到 100 万的好处，谁不会花这个钱？当你想要把销售做得更好时，请你先思考你能够带给别人什么好处以及你能够让别人对你产生多么大的信赖感。熟悉销售秘诀之后，销售就变简单！

口 了解客户的心理变化：六个问句

销售的最后一个重点，就是掌握客户的心理变化。销售过程中，注意顾客心中永远有不变的六个问句。

第一个问句是"你是谁"、第二个是"你要跟我谈什么"、第三个是"你谈的事情对我有什么好处"。

很多销售员连"你是谁"的讯息都没有传达到，甚至跟客户已讲很久的电话，但对方完全不知道你这个人是谁、哪来的？会感到很莫名其妙。销售一开始你就需要让对方首先要知道你是谁，他才会有确定性；第二个"你要跟我谈什么？"别人确定了你是谁之后，内心总是有防备的，所以你必须要很明确的告诉客户我是没有害处的，我是来帮助你、来给予你好处的；第三个人们会想知道，你谈的事情对我有什么好处？所以你要立即告诉别人你能够为别人创造什么价值。

顾客在看到你的第一瞬间，他的感觉就是"这个人我没见过""他为什么微笑着向我走来"？他的潜意识在想这个人是谁？对，你要告诉他你是谁；第二个，你要跟他谈什么？你走到他面前张嘴说话的时候，他心里想：你要跟我谈什么？他是属于封闭性的，你要想办法让他打开防备的心，并愿意跟你交流；第三个就是你谈的事情对我有什么好处？永远要记得，当你在说话时，客户心里只是在想这对我有什么好处？假如对他没有好处，他就不想再往下听了，因为每个人的时间都是有限的。每个人都会选择去做对他有好处的事情，这是人的天性，我们必须知道这个道理并满足对方。

□ 满足第四个问句：证明你说的是事实

第四个问句，就是如何证明你讲的是事实？

你讲了那么多的好处，说可以让我月入百万、让我达成目标，可以让我变得更成功、更好、更有钱、更富有、更有说服力、更幸福，但我怎么相信你说的是事实呢？所以成功销售的一个核心点是你要有不可思议的见解，有力的见证会让你的话变得更有说服力，你可以用图片见证、文字见证、语言见证、客户见证、照片见证、视频见证等，你还可以举一些例子来证明你所讲的是事实，来证明你真的能够帮助他，为他提供的好处都是真实有效的。当他觉得你的产品的确对他有好处的时候，他会想的是：你有没有骗我？如何证明你讲的就是事实？当你能够证明你所讲的是事实的时候，顾客就会把他心里的防备给放下来。

你必须证明你讲的是事实，而且让客户耳目一新，感觉到很新颖的见证来证明你所说的是事实，或许在听了之后，客户就会安心，这样就离"成交"又更近一步了。

口 满足第五个问句：说明"跟我买的好处"

接下来他就会问第五个问句："为什么我要跟你购买，那么多人向我推销，我为什么不跟别人买？为什么我要跟你买？"

所以接下来就要讲到你个人的魅力了。你个人能够提供的附加价值到底是什么？有什么？这一点很关键，必须要让客户明白"到底为什么我要跟你买？"的具体理由。你要告诉他："因为你跟我买，我可以给你提供别人提供不了的好处，我可以提供别人做不到的、只有我能够为你做到的独一无二的服务。"当你跟对方讲清楚这些特点及好处之后，对方通常就只能说："看来我只能跟你买了。"

举例说明：在推广课程报名的时候，有些人来找我报名，他问："石老师，另外一个人也跟我说，他说他的价格可以更便宜、一样的课程，为什么我要跟你买这个更贵的？"

我就向他保证："第一个，我这里目标更明确，更有保障。第二个，虽然你省了三五百块钱，可是你从我这里报名的话，我能给你提供更超值的好处，比如说：别人没有办法安排跟老师合照，而我可以安排你跟老师合照；别人没有办法做后续的个别辅导，而我会亲自为你做后续复习辅导；别人没办法送你其他的附加产品，我就是可以送你超值、别人没有的东西。"

第五个问句的重点就是为什么我要跟你买？客户心里会想其他地方有没有更好的，或其他地方的人会不会卖得更便宜？这是人之常情，因为"货比三家"是常态，唯有你能给他足够的讯息，让他了解跟你买才是最划算的时候，他自然就会跟你买。你能证明你说的那些必定有的、额外可以有的好处确实是存在时，成交就接近完成了。我在做销售时创造的销售奇迹，运用的就是这些秘诀。

□ 满足第六个问句：给客户马上做决定的理由

接下来还会发生什么事情？当然他心里一定会想我可不可以明天再买？或是下个月再买，我明年买行不行？所以你一定要给他足够的理由，让他知道现在买的好处，以及现在不买的重大损失。

客户会说："我会跟你买，可是这件事情对我来说没那么着急，我为什么要现在就跟你买呢？"这时你就可以运用限时、限量、限价格的策略，比如："过了此刻你也可以买，但以后买就是用五万的价格买，而你今天当下立刻现在马上买的话，就只需要三万块。"你要给客户一个立刻做决定的理由。其实人们不是恐惧做决定，是因为没有一个做决定的理由出现在他们面前。

□ 解决六个问句的人就是成交高手

这就是客户会一直在大脑里缠绕的六大问题，即使他没有问出来，但他的潜意识一定是会这么想。

成功的销售很简单，就是把这六个问句都给解决了，都让客户得到满意和放心了。所以在做销售之前，把这些问题及问句都在你的大脑中模拟一遍，你就一定马到成功。你要在心中模拟对话，模拟两个人在对话：一个是你，一个是客户。想象客户会怎么问，预备好你要怎么回答，反复这样模拟，熟能生巧，最后一出手就成交。

原本我没有经验，没有说服力，没有人脉，什么都没有，所以我在要说服别人之前，我是做足了功课，且是做万全的准备。事先我就会想象，想象我如果是客户，客户会怎么问，我要怎么回答？再想到为什么我要现在跟你买？明白这六个问题，也就是销售的顾客心理之后，你就会成为成交高手。我的销售经验足够多了，已经不需要这样的演练，因为我的大脑会自然地形成成交的流程。这六个问题在我的大脑已经形成一种模式，一种记忆模式，只要客户问一个问题，我立刻可以反应出早就准备好的理想答案，而且会是针对不同的人有不同的答案，这都是我大量练习、深度熟悉的结果。

口 沙盘演练 + 熟能生巧 = 创造奇迹的销售

以上，就是销售秘诀，销售的关键就是这些，把这些细节做到位了，结果就出来了。

因此，你在接待你的客户之前，你要把你自己当成顾客，演练模拟交易场景，并准备好足以打动你自己的问题答案，然后把这些问题的答案一遍一遍去反复练习。你设计好答案，并且给出足够的理由，顾客就会去购买。他认为对他自己最好最适合的产品以及服务，其实都来自于你的引导及你的回答。这是我在做销售的时候所练的基本功，在此提供了非常务实、有结果性的技巧给你们，希望能够帮助你们更多。因为如果你们的生命改变了，变得更好了，那就将为我的人生积累更多的福报。

我曾经一天一早起来后，从早到晚都在做销售，一个一个谈。不知不觉中，我竟然谈了 14 个小时，结果是成交了 20 组单，那次真的佩服我自己，我现在永远都觉得那是我人生打得最精彩的一仗。我的学生把我的六个问题学会了之后，光是一个客户就成交了870多万，他说那是他生命中收到最高的一单成交案，在那之前，他曾经收过最高的单笔金额是50万，学会我的成交术后，他的成绩就跨越了10倍。

每个人都有需要学习的地方，希望大家都能学习好的销售技巧并获得成功，希望我的分享能够帮到大家。所以，想成为成交高手的人，你们也努力去练习这个过程，让你的大脑开始被训练。

口 饥渴营销好策略：祝大家"销售创造奇迹"

想要学习销售的人，首先必须是自己想要学习，必须非常饥渴，学习才会有效。我在群里开价2000元的销售课，原本是一个星期开一次课程。后来我发现大家学得不是很积极，想到我的老师告诉我"人要有饥渴才会懂得去学习"这句话，所以我就没有在群里主动开课了。直等到大家一直发问："老师，什么时候讲课？"大家想听了，这时我再讲给大家听，大家听课的态度就不一样了。这也是销售的重点，饥渴营销是个可以充分运用的好策略。

记得，唯要渴望成功才会成功，唯有动机才会有结果，唯有认真读这本书并立即运用的人才会学会奇迹销售只要大家有状态只要大家有渴望，我一定会帮助到大家。

这一章的结论："成功销售等于自信加准备、加细节、加语言、加肢体动作，销售只是能够把客户脑中的六个问句给到他们听了就开心又放心的答案。"相信我，熟悉销售秘诀与流程之后，销售就变简单。

不要羡慕我能够年纪轻轻就能创造销售的奇迹，在这本书里，我把所有的秘诀都已经分享给大家了。读完这本书，并且认真学习运用的人，祝你销售成功，而且我非常相信，你一定会销售成功，你一定会和我一样，靠着销售"创造"奇迹"！

第八章
CHAPTER 8

重建亲情：
爱的行动计划！

口 认亲的纠结难化解

这本书的书名是"销售创造奇迹"，但这本书最难做的一门功课，并非销售而是亲情的化解。

学习销售是"技术"，但我的老师对我的"品德"要求更甚于"技能"，在我扭转的成长过程中一直是听话照做的，我相信并追随恩师的每一个指令，唯独恩师对我与家庭化解情感的要求，我是曾经有过纠结的。

在我的意识里，我并不恨把我送人的亲生父母，因为生活的磨练让我早熟，而且我自身并不想去触碰这一块。但周董的传统思想观念很强，他把我当做他的子女来看待，总是告诉我我应该早点去认亲生父母，因为他们是给我生命的人。

但我认为，他们都不要我了，这么多年了，我何必要他们呢？常言道："天下没有不是的父母，天下没有不爱小孩的父母。"但事实是我的亲生父母及养父母都是给我伤害而没有给我关爱。周董总是开导我："现在你还不理解这个道理，等到有一天你懂了，想找他们时若他们不在，你会遗憾终生的。"

我早已养成不要问为什么、什么都不要问的习惯，所以我一点也不想去寻找亲生父母。

但是在周董身边工作时，周董不断催促我去问一下养父母，我只得随口向养父母开口问了一句："你们有没有跟我生父母联系？我没要找他们，只是问一下……"那时我已经有了自己公司，拥有自己的美好人生，我已20岁，我认为有没有认亲生父母，跟我的人生没什么大关系。

结果，过了半年后，养父把一个电话号码给了我。记得那天我在公司的三楼天台上，拿着电话待了十多分钟，那时，我心中的声音是我不想去认他们，我死都不要认，我曾经是这样想的。

口 亲母也是"重男轻女"的苦命受害者

周董知道我已经有了生母的电话之后，就一直游说我去认亲。我说不要，他就建议，不要认，但你至少要去看一眼，坐个车子通过门口一下，看看你的亲人长什么样就好。

我被他催得烦了，就只好答应，但说好只是去看一眼就走。但是周董早就打好算盘，当天，我们到了之后，我坐在车上，他直接下车进入房子把我的亲生母亲直接领了过来。当时我只想大声地说："周董，你这个骗子。"但场面已经是那样，我骑虎难下，只好低着头沉默地进入那个简陋的房间内。

我不愿意正眼看我的亲生母亲，静静地坐着不说话，所以都是周董在讲话。我这才知道他们过得也很不容易。我静静地听着苦命的亲生母亲诉说，当年母亲连生了四个女儿，而我就是第四个，所以被送了出去。生父要儿子，所以母亲继续生！接着又生了一个女儿，也和我一样被送出去，终于最后生了儿子。

但生了儿子之后，才知生父早已在外成家，且早就有了儿子。生母说，她曾带着子女去外面小三的家，请求生父回来，因为她已经生儿子了。但生父没有理她，生母要求生父把大姐二姐带着，生父也拒绝了。

这又是一个中国人重男轻女的悲惨剧情！生母的肚皮终于生出了

儿子，但并没有因此得到生父的关爱垂怜。知道生父早就有了小三且也不愿意回家尽责任后，他们终究也离了婚。

她的人生一场空，且得面对养育身边子女的责任。我原以为我被送走，我命苦，没想到，我的亲生母亲也苦，也许可说是更苦。我的生母的一生非常坎坷，两个女儿送了出去，想必她也会思念，但把还在身边的三个女儿及一个儿子养大就是她的沉重责任，而她也尽力地支撑了这一家。她的含辛茹苦得到了子女的孝心，我的亲生姐姐们虽然都已出嫁，但都嫁在附近三公里内围着妈妈家的范围里，都可以就近照顾她。她们既尽孝道，感情又好。

我默默地听着，但并没有什么情感的波动，因为，我实在是激荡不出任何感觉。当天见面我没有叫妈，确实是叫不出来，一直以来我是用逃避、没感觉而活了过来，我从小就把"亲情"这道门关闭了，所以没法表现出亲情。当天，半个小时后，我们就匆匆地离开了。

我的生母看起来很苍老，她的年龄其实只有40多岁，但岁月给她的折磨让她看来像50岁。对突然冒出来的我她挺激动的，但我很平静也没敢正眼与她对视，我基本上是不看她的眼睛的。我不想看，也不想解释为何我会这样，更不想去认亲。当时的我，就是不想节外生枝，因为，认与不认，我都已经自己长大了。到今天为止，我也只知道亲生母亲姓锁，而亲生父亲因为不关注，至今也不知姓什么。

虽然知道生母这样复杂的家庭及不幸的过程，但我不想让她进入我的生活，我怕这会使我的人生变复杂。原来我们都是"重男轻女"观念的苦命受害者，生母的遭遇值得同情，但那是她的人生，而我有我的人生。她过得不好，但我也过得不好，而脱离痛苦童年的我，只想平静就好。

所以走的时候，我并不想要留下我的联系方式。我认为他们对我没有承担抚养的义务，所以我也没必承担赡养的义务，但没想到周董在一旁马上把我的手机号码留下了。当天一出门，我的尴尬与气愤一股脑地都爆发出来，我责怪周董不该强迫我去认他们，但周董告诉我，有一天我会懂的。

口 寄回去的只是"钱"而不是有"心"

之前，养父母家里向我要钱，他们会问："过年了，你不寄钱回家吗？"我是很讨厌听这种话的，同时我恨钱、讨厌钱、不在乎钱，心中想的是我就把钱全部寄给你们吧，你们就不用再来烦我了。

之前我寄钱回去后就是这种感觉，我总是把我赚到的钱全部寄回去，倒不是养父母他们要求什么数字，因为他们并不知道我赚多少钱，全都寄回去纯粹是我自己的决定。之前，我认为这是因为我觉得寄钱的多少就代表我的能力。但寄回去的，只是"钱"而不是"心"。

出来后，有六年都没回养父母家过年，其中两年是在美容院的宿舍里自己一个人度过的，后来去了公司当讲师就有机会去周董家里过年。我宁可寄钱回去，但人不回去。

口被迫回家过年磕头行大礼

现在回想起来，我觉悟这几年来周董逼我学习的人生经历里，除了改变我命运的销售本领之外，还有我的性格及处理生命中最大缺口——也就是家庭情感的空洞以及被人伤害的伤痕。

而周董的重视伦理、许老师的重视家庭关系，让我看到了重情感的人的言传身教。去周董家里过年的那几年，我感受到大爱又慈祥的周董如何地照顾弱者与具本帮助别人，所有不回家过年的员工都在他家过年，有时人多到二十多个。我们一起吃年夜饭，一起看春晚，就像一家人一样，我感受到家庭的气氛及温暖。他是一个人格魅力型的好老板，公司里跟了他十来年的元老级的人很多，与他合作了十来年的客户也有很多，我在他身上看到只开始合作就不会结束关系的客户情感。

长达六年没回家过过春节。到了第七年，在两位老师的安排下，在我拜了师之后被迫回家去过年了。

许老师说："你要回家过年，而且要向父母磕头，你要是不回去磕头，我就逐你出师门。"

我百般不愿意，但是还是去做了，回家过年及磕头都是强迫自己做的。师父告诉我："虽然你六年不回家，可是你愿意寄钱回去，就表示其实你心中是有孝道的。不管他们曾对你如何不好，你既然是这个家里的小孩，赡养他们就是应该的，不管他们怎么做，你要做你觉得应该做的事。"

老师说得没错，就像当年我离开工厂时，身边并没有很多钱，即便当时我只是个十五岁的年轻人，但我还是知道要给我哥哥的孩子包个红包，那是因为我是孩子的姑姑。经过老师的分析，让我明白在我的内心深处，我对家庭的概念及亲情，其实是从来都没有放弃希望的，我也渴望得到家庭的关心与关爱。

周董和许老师一样，他们两位的家庭观念都很强烈，这种人格让我想要向他们学习，所以最终能引导成今天的我，开始对我养父母家庭及亲生父母家庭的态度有所改变，而且改变得蛮大的。

口 只有与亲情和解才能得到幸福

见到亲生母亲后，我并没有积极主动继续联络，直到目前为止，都没有去找生父，生父的名字为何我不知道，也不想知道。但我的生母主动来关心我，且曾到上海在我家住过一段时间。她要来，我当然不能拒绝，我被动地接待了她，在她住在上海的那段日子里，我终于有了"家"及拥有"母亲"的感觉。她来我家住，并不是来旅游，是纯粹来看我，她每天变着花样准备饭菜，等我回来吃。看我很晚回家后，还会亲自做卫生打扫的工作，她就知道我爱干净，从此每天都把全家打扫得干干净净。

我每天都非常忙碌，基本上没时间带她出去玩，但她每日守候着我，有时我夜里1点、2点才回来，总会看到她躺在门口的凉椅上睡着等我。直到我与生母相认后，我逐渐化解了心头的纠结。

周董问我叫生母"妈妈"没？我没有叫，因为我觉得没必要。我知道若有一天要让我叫，我也没所谓，我相信它会是很自然发生的。我不可以选择自己的出生，但我可以选择出生之后的态度。在我知道了生母的为难之处后，我的心态也改变了。

想想过去，周董和许老师他们执着及坚持要我化解亲情，我终于明白了恩师们的用心及道理，认亲并谅解，人生才圆满。

口 我终于放弃武装、改变性格

无论是养父母还是亲生父母，若没有化解彼此的怨恨，人生是不会幸福的。当时，我虽然销售能力强而成为被肯定的人，但并没有脱离我的童年记忆，基本上还是个只想赚钱、本质上冷冷的、甚至是骄傲的一个人。

当时的我，能力很强，但是人际关系很糟，而且我没有觉悟。直到在课程中，在选班长、组长时，现场却没有任何人要选我这个大家公认能力最强、理应呼声最高的人。而我看不起能力不如我的人，却有一大堆的学员排长龙要追随。当时我的性格是很要强的，无论我多苦多穷，我都不会问理由，不会开口求助，我把自己锻炼成一个很刚硬、不柔软的人。

在我还没有觉悟应该改个性时，我对自己说："这没什么啊，我反正也不想带那么多人，那么费劲，我还是管好我自己就好。"还会理所当然地认为，凭什么在人前展示软弱，何必低姿态让人看不起。何况我自己可以独当一面做销售，这足以证明是成功的，所以我还是保持很有性格的那样子。但在课程中及周董加上许老师给我的磨练，我终于明白这其实是自己把自己武装成那样。这让我顿悟了，我一直以来都在武装自己，我的强势，其实正是心中软弱的反射。而改变性格的最大挑战，就是我是否要化解我与亲生父母、养父母的矛盾情结。传统的严谨式家庭，让我的父母形同是古代的地主，孩子是奴隶，是没有发言权与主动权的。小时候孩子与家长是没有所谓的沟通机会，更是不能表达丁点儿反抗的。

但时代已经不同，我已经长大，我已经跟着高明的老师学到了开放的、国际的观念，再加上师父的要求，我成功地改变了我的家庭关系。

口 大年夜第一次子孙行磕头跪拜大礼

感谢师父的"强迫"，他说不管我是否情愿，我都要依照他的指令，在春节回乡时向父母行磕头跪拜礼，不然他就要把我逐出师门。我运用的方法是做哥哥的工作，与哥哥商量说服哥哥和我一起磕头。我要让哥哥来带头，因为长兄如父，应该让他带头做好榜样，做好家里的楷模。

于是，我家有生以来第一次，在大哥大嫂的带领之下，大年夜里，全家一一向父母行磕头跪拜礼。第一次父母非常不自在，我们下跪时他们就站了起来不习惯接受。我有生以来第一次看到曾为军人的养父流了泪。第一次子孙行磕头跪拜礼的大年夜，我们大家都非常高兴。这个大年夜里我和哥嫂们都没有睡觉，全坐在客厅里陪着父母聊家常说旧事，因为师父交待我："父母要的不多，只是要陪伴。"老年人一夜没睡应该很疲累，但他们都心情愉快，状态都很好，聊到6点半才去睡。只睡2个钟头之后，大年初一早上8点半大伙儿就开始去串门子拜年了，没有人有倦容，大家的精神都很好。

口 人生第一次由养父母手上得到红包

从小，就没得到父母的任何礼物及红包，所以我的父母也没有想到要给我。只是全家向他们行磕头跪拜礼这个举动太不寻常了，我知道那个红包其实是为上门来拜年的人准备的，但一跪之下，父母就把红包给了我。我已经这么大了，和哥哥的孩子一样能得到红包，得到人生第一次由父母手中得到的红包，我认为我的童年的缺失也就补足了。对我而言，做了这件事后，我最开心的就是我得到人生中第一个长辈给的红包。

大年初二时，我又号召姑姑等亲戚，把他们都请来我们家。这是少有姻亲们全聚在一起的场合，共有80人挤在我家，这真是一个让全家族终生难忘的日子，因为大伙儿从来没有在一起拍过照，而那天我们完成了"大家族"聚在一起唯一一次的合影"团体照"。乡下老实人，有的还推说自己长得不好看穿得不漂亮、或是没化妆而不要加入。那个场面非常有趣，彼此推来推去的煞是有趣，老的小的嬉闹成一团，最终按下快门，大家都让自己成为团体照里的一员，那天，可说是我的家族历史性的一刻。

口 家族之间的"爱"的行动

第一年，养父母有些不适应，但是，到了第二年他们就欣然接受，明显地就特别自然了，我决定，以后每年都要这么做。

我的磕头跪拜礼行动得到这么好的结果，我终于明白师父的要求是对的。只怪我纠结了许久，在之前没有听他的命令立即去做。

所以，明年我还有一个新的计划，我已决定要想办法过春节时，让父亲的三兄弟不但要一起过年，而且要在家里举行仪式，什么仪式呢？就是要让他们彼此拥抱，而且要说"我爱你"。我知道，拥抱及示爱对年轻人很平常，但对农村的老人就会很困难，为了达到我的目的，我会准备很大的礼物去诱惑他们，鼓励他们这么做。我发现其实老人很像小孩，我从小就喜欢小孩和老人，我一定能让那个春节充满了家族之间的"爱"的行动。

我不但为自己的家族有这样的计划，我更想要把这个行动传递下去，那就是我建议大家都要回家，向自己的家人采取"爱的行动"。

　　如果你今天采取了爱的行动，请你扫描这个二维码，告诉我你的行动是什么，请分享给大家，让大家向你学习。

第九章
CHAPTER 9

小女工的电影情节：
知恩、感恩，更要报恩！

口 小女工变超级演说家的电影情节

曾经我是个为了交学费而捡破烂的小养女；曾经我是个打工干活但终究读不完初中二年级的小女工；曾经我是个抱怨生命、仇恨社会、企图自杀的农村姑娘。

而如今，我没有堕落也没有被打败，我竟然快速蜕变成一个被许多人肯定及喜爱的人。我因为知恩图报、乐于助人还备受恩师的照顾及赞美。

我永远铭记并感谢恩师们对我说的话。梁凯恩老师说的是："你不只是一个感恩的人，你是一个报恩的人！"许伯恺老师说的是："如果上天在你21岁的时候就给予你这么多，那他一定是希望你做更多更多。"周董说的是："园园，你一定会超越我，因为你在22岁之前吃的苦比我还多，所以你一定会超越我的。"

贵人恩师们是如此器重我，让我常常感动，这是我人生经历中的一笔伟大的财富。老师们期望我这个90后的年轻人将来要成为超级演说家，我回顾起来，觉得好像在看一部电影，因为这些情节是如此的不真实，但它们都是真实发生了的事。

电影情节中最惨的时候，身上唯一的积蓄都被花光了而流落上海街头，那时我是崩溃的，我委屈又无助，我觉得老天爷对我太不公平了。为什么让我被生母抛弃，被养母嫌弃，17年来都没过过一个生日，没疼爱与关心……我觉得好累，我面对命运想认输想了断生命，我祈祷老天把我带走，我总觉得这个世界容不下我，我就是个多余的人。

但是，今天的我，学会了演讲及销售，从不会销售到现在成交率达到 90%，我从负债 26 万到今年创下 6000 万的业绩，我从不会说话到现在已经面对 6 万人发表过演讲，我曾站上万人舞台与梁老师、许老师两位恩师同台演说，我的企业培训已卖到 9 万 8 一场。而且我能在 23 岁就写书，这是一个不寻常的经历。

我如何能在 23 岁就做了这些事？这全要感谢我遇到的贵人、恩师、老板给我的教导、鼓励及支持。我如何走出一个养女的困惑、抱怨、痛苦、煎熬、愤怒、怨恨与报复情结？我如何平复了我失学的遗憾？这本书就是要把这过程说出来与大家分享，要让 80 后、90 后、00 后正处于人生起步一定会面对困境的朋友们知道，到底是什么原因让我能有如此翻天覆地的转变而得到激励。

口 人生因贵人而出现奇迹

我永远都会记得，我的改变源于周董、梁老师、许老师，源于超越极限、源于大爱堂集团。是他们成就了我，是他们教会了我演讲及销售，而人生的改变就因为销售，我亲自见证了"销售创造奇迹"，我会继续接受恩师们的指导。

他们见多识广，能垂青重视我这么一个年轻人，我会言听计从，相信我的人生会在他们的带领下，能够进入更高的层次。

周董在我的背后一直指引着我，他是我生命中最重要的贵人，他对我而言，像父亲、像老板、像领导、像朋友、像知己、像长辈。他说什么我从来没有怀疑。人们看到我把大部份的时间都花在超越极限的业务里，事实上我与超越的关系密切不可分，是超越的主轴。

我信赖周董，只要是他的指令，我就信赖并且彻底执行。到上海开公司这么高难度的事，他敢托付给我，愿意让我做，我就去做了。

我对周董的信赖度是百分百的。我在超越的时候曾有无数次想离开，因为台上的一些老师的价值观及所做的事情我并不是全盘认可，但周董要我留下来，我就留下来了。

超越给了我演练的舞台并让我学到很多很厉害的东西，我也帮超越做了许多业务及许多场的免费主持，这些年一直在现场参与超越的成长及演变。即便是在超越处在最低谷时，几乎没什么人留下来，但我还是死撑着，成为硕果仅存的目标教练，我的投入全是知恩、感恩及报恩的力量在支撑。

我深深明白人生因贵人而出现奇迹，我创造的奇迹都源自贵人的相挺及指引。所以，我相信必须要以报恩的心继续追随贵人，而且会继续出现奇迹。

口 "凡事只能靠自己"的错误观念

认亲并谅解，老师还化解了我另一个严重的错误观念。以前我抱怨上天，为什么"关我一扇门，给我开了一扇窗，打开来看却是又给我开一面墙"？

成长期的求生存，让我认为凡事只能靠自己。

这也不能怪我，记得去小学上学的第一天，爸妈都在忙，就让哥哥带我去学校报到，但哥把我带到校门口后就去玩了。老师来了要帮我填表格时问我："你叫什么名字？"我答不出来，因为我并没有正式名字。情急之下，我看着教室外的花园，就回答："我叫石园园。"所以我的名字不是一般人以为的"圆圆"而是花园的"园园"，也就是说，我上学第一天都是自己进教室，连我的名字都是小小年纪的自己取的。

能够自取名字，这样的人应该不多吧。连名字都是自己取的，这种成长过程中的艰辛，让我养成凡事靠自己，不指望别人的习惯。人生峰回路转之后，我的恩师让我明白这是错误的人生态度。因为，人生在世每个人都是靠着别人才成功的。

成功由改变性格开始，感谢老师改变了我，他们让我感受到改变性格以后的喜悦。若心中只有事业而没有亲情是不圆满的，感谢我的老师们看到了我的人生全部，并且关心到我的身心灵全方位的需求，他们对我的恩情是我这一生都要努力回报的。感谢恩师让我看见彩色的未来，正向着幸福的人生前进。而这一路上，我都会谨记着生命的礼物："知恩、感恩及报恩。"

口 生命的礼物：知恩、感恩，更要报恩

此时此刻，我心中满怀感恩，因为明白了每一件事都是上天赐给我的礼物。借着这本书，我想告诉大家的是，发生在我身上的这些神奇的事，一点都不神奇，它们的发生都是有逻辑、有原因的。我越来越明白这几个非常重要的道理，而把这些道理分享给大家就是这本书的基本动机。我经历万千辛苦及超越常人的奋斗，细数这几个我领悟到的道理：

第一、在这个世界上每件事都是有原因的。世界上不会有无缘无故的成功，也不会有无缘无故的失败。每件事都是有意义及道理的，问题是当事人是否愿意学习及懂得学习。而我的成功，就因为我愿意学习，再苦再高的代价都愿意付出，我曾经誓言：即使没钱上课，砸锅卖铁都得去上课，但是学完之后，发现不用砸锅卖铁也学成了，可见学习这件事的重点是决心而非金钱。

第二、这个世界上没有什么事是理所当然的，没有什么是应该的。所以一定要知恩、感恩及报恩。我庆幸我及时懂得珍惜且把握机会，因为曾经一无所有，所以倍加珍惜任何机会及别人的善意，我不怕重新来过，这让我勇气百倍。

　　第三、要相信明师，接受磨练，才能看见未来。这一点我做到了，我认为我还非常年轻，确实欠学不懂事，我知道有太多的事是目前我还看不懂的，但我的恩师周老师看得懂就好。他比我成功，事业做这么好，一定有眼光。而自知没眼光、明白到今天知识都还是很空缺的我，只要是恩师叫我做的事肯定是对的。不管当下的我看不看得懂、同不同意，我听话照做就好。很多人不明白周董为什么用严苛的方法逼我成长，但我明白他的用心良苦，而且知道这种方式是最有效的。

□ 销售是通往梦想的唯一途径

　　许老师和周董，改变了我的人生层次、个性及格局。人生真是神奇，这一切都是因为我有了贵人周董。没遇到周董之前，我真的不知为何而活着？跟着周董之后，我终于看到了大千世界，更重要的是，他引领我进入了"销售"这个世界。周董先是引我进美容事业，让我奠定了土法炼钢的销售术，周董继而又再把我放进超越极限的组织里，让我在高级的销售领域里被磨练。人生有一个这样的贵人出现是非常不容易的，我的人生现有的一切，都因为这些贵人。我感恩无比，今天的我天天在创造奇迹，因为销售就是通往梦想的唯一途径，我会全力以赴。

□ 渴望站上国际舞台帮助更多人

　　我真的太渴望了，我有态度、有期望能站上国际舞台，我更是个想要帮助更多人的人，这是我人生的使命，因为我一路走来都是被别人帮助的，理应回馈社会、帮助更多人。我可不想我的人生只剩下钱，所以我愿意放下自己的公司，一起来协助老师帮助一亿人生命亮起来，因为我知道在这个世界上有很多行业可以赚钱，但没有任何一个行业比改变别人的一生来更有意义。这本书，就是要带领大家跟着一个乡下小养女的成长，发现通过学习与感恩，世界的美好及富足就会在前面等着我们的道理。

口 有舍才有得！"公"的出去，"一家子"回来

许伯恺师父总是教自己的人学会"吃亏"，他虽然维护弟子权益不遗余力，但是更教自己人学习吃亏，因为，吃亏代表你有能力付出。被占便宜。

所以我们这个师门出来的人，通常都不太计较个人利益与得失。因为师父总是这么说："这个世界是圆，只要你舍得放出去，公的到了外面，会吸引母的，接着就会生许多小的，小的生多了，有一天一定会是公的母的带着小的全家回来，让你大丰收。"

这个比喻非常有意思，也非常生动，让我们都认同"舍得越多，就得得越多"的道理。师父说，回报也许不是当下，但时间一到就一定有舍就有得。尤其是我的经历，师父经常提醒我："你这么小就得到了这么多所谓的成就，这就是上天在考验你。你要在得到的那天就要舍出去，不然上天的恩赐就会收回。"

我听他的话，珍惜别人给我的恩情且报恩，结果这么快就得到回报！想想吧，世界上有几个人能够得到2000人助唱生日歌的幸运呢？

口 磨难是为了激发潜能及创造奇迹

亲，即便现在的人生有些不如意，过得也许有些辛苦，没关系，磨难都只是为了激发我们内在自己都不知道的潜能，目的是激励我们去创造一个更大的奇迹，一切都只是为了让我们的人生不至于那么平

庸，都只是为了有一天我们能够成功与富足。

而且它们都在教我们：要深深地珍惜来之不易的幸福、成功。凡事都是为我们而发生，而不是发生在我们身上，前者会让你接受，后者会让你抗拒。

你怎么看待与反应，就会带来对等的人生，成熟要趁早，只要我们愿意接受与学习。磨难是为了激发潜能及创造奇迹。而成熟的具体表现中，最重要的就是知恩、感恩与报恩，我一路这样走来，我做到了，你可以，你也应该。

第十章
CHAPTER 10

公益 & 慈善

30 年里，帮助 33，333 个孩子
的读书计划！

口 2016 年我的新愿景 & 财富三块分配

我的目标：在 2016 年我要完成一亿的营收，也就是我要完成净利润一千万，好让我能帮助到成千上百的伙伴及失学的孩子，我也必须要给自己一个全新的标准。

周星弛追求比完美更完美，他在未来对我有巨大的影响，我满心欢喜地接受这个画面，要将周星弛的标准彻底地融入到我的信念当中。

如果 2016 年我会用厝星弛的标准来要求我自己，我将用这样的标准彻底创造我生命的奇迹，2016 年绝对会比 2015 年至少再精彩 30 倍以上。2016 年，我的目标是完成一千万纯利润的收入，这一千万我要拿出其中的三分之一去资助贫困的学生能够读书；用三分之一给自己买一个小家，让自己能够有一种安定的感觉；再用三分之一去帮助我身边的人都能够得到改变。

口 人生唯一留下的只有"影响力"与"公益"

师父说，人生没有什么东西是带得走的，唯一留下的是三个字：影响力。

所以每个人的价值最终的评断标准是，你对社会有多少的影响力，有多少的公益。于是我于始去研究知名的慈善家，了解他们怎么做及为什么这么做。

比如：苹果的老板乔布斯。三个苹果改变了人类：第一个是夏娃的苹果带我们看到这个新世界；第二个是牛顿的苹果带我们了解这个新世界；第三个是乔布斯的苹果则带我们体验这个新世界。作为一个影响全世界的美国英雄，乔布斯手中的苹果是个出色的媒体，以极具亲和力的方式启发和沟通着人与人、人与自然、人与物质的关系。苹果公司的 CEO 蒂姆·库克缅怀乔布斯说："他的影响力无人可取代，因为他通过很多方式让这个世界变得更加美好。由于他所设计出的产品，孩子们能够利用新的方式来学习，世界上最具创造力的人们使用这些产品谱写交响乐和流行歌曲，创作从小说、到诗歌、再到文本短信息等一切内容。史蒂夫倾尽一生创造出了一幅画布，让如今的艺术家们能够在上面绘出传世之作。"史蒂夫的眼界远超他所生活的年代，他所创造出的价值及对所有人的影响无人可以取代。

比如：腾讯的马化腾。美国《时代》杂志以跨界的思维与合纵连横的格局观为标准，选出"百大最具影响力人物"。腾讯董事局主席兼 CEO 马化腾时隔七年，再次入选该榜单。

《时代》是这样评价马化腾的："他 1998 年创立的公司已经发展到如此的高度，但他不只是建立一个成功的企业，并在中国独特的文化背景中，将独生子女家庭以及庞大的移动互联网的人口联系起来。"《财富》的"中国最具影响力的 50 位商界领袖"排行榜上，腾讯董事会主席兼 CEO 马化腾也名列榜首。

2015 年 9 月，腾讯公司的市值首次超越阿里巴巴，成为了亚洲市值最高的互联网公司。这也让马化腾成为了全球最受关注的商界领袖之一。同时，马化腾的成功得益于微信在社交领域的强大。时至今日，微信拥有超过 6.5 亿的活跃用户数，几乎是美国人口的两倍，并且该数值还在不断增长。借助巨大的微信红利，腾讯可以进入更多的领域。

截至 2015 年 9 月，微信支付和 QQ 钱包累计绑卡用户数已经超过 2 亿，腾讯在微信中嵌入了更多的 O2O 产品，也在培育新的用户体验和生态系统。

比如：慈善家余彭年。他是华人裸捐第一人，裸捐 93 亿元。

他原名彭立珊，1923 年出生于湖南省涟源市蓝田镇，他是深圳彭年酒店创始人，一生热心于社会公益事业，整幢大厦经营所得的纯利润永久地捐献给社会福利和教育事业。

2010 年，在轰动世界的"巴比慈善晚宴"中国行中，余彭年现场宣布将所有财产共 93 亿港币委托香港汇丰银行托管，在他百年后全部用来做慈善事业，成为中国"裸捐"第一人。根据余彭年生前立下的遗嘱，他去世后，所有资产，包括房地产、公司及金钱，都委托香港汇丰银行做慈善信托基金，全副身家行善，不留分毫给子孙。余彭年被誉为是"中国慈善伟人""中国职业慈善家"。2007 年，美国《时代》周刊评出"全球 14 大慈善家"，全球华人仅在其中占据两个席位，其中一位是华人首富李嘉诚，另外一位就是余彭年。余彭年从来不为生意而慈善，也不为封衔进爵而慈善。2013 年，他在接受媒体《华商韬略》专访时，曾以玩笑口吻表达心声：

"有人做好事是有目的，我的目的是做好事。"2015 年 5 月 2 日，余彭年高寿 92 岁因病去世，让世人怀念。

比如：股神兼慈善家巴菲特。沃伦·巴菲特一再地打破他的个人慈善捐款记录。

身为伯克希尔·哈撒韦公司的首席执行官，巴菲特持续地将巨款以慈善馈赠方式移交给比尔和梅琳达·盖茨基金会等五家慈善机构。因为捐款，他的个人资产因此在"福布斯全球富豪榜"的排名下滑，由一位降至第四。他捐款的方向以旨在消除世界贫困、改善美国教育、提升生育控制技术等为主。他早就已经许下了承诺，要将自己名下99%的资产捐献给慈善事业。

他说："就我自己而言，1%的个人财富就已经足够我和家人使用，留下更多的钱既不会增强我们的幸福感，同时也不会让我们更加健康。"

不仅如此，在2010年，巴菲特还和他的好友盖茨一起发起了"捐赠誓言活动，号召亿万富翁生前或者死后至少用自己的一半财富来做慈善。"我一直都生活在这样的一个经济体中，它给那些在战场上拯救了他人生命的人颁发勋章，给一位伟大的教师授予来自学生父母的感谢函，但却给那些能发现证券错误定价的人带来成亿美元的财富。简而言之，命运对谁能挑到'长麦秆'的分配方式是狂乱多变的。"

□ 志在帮助失学少年的公益活动

这些大师的智慧及行动，就是我需要学习的。他们的财富及智慧对这个世界的影响巨大。同样一个人，但影响力可以是这么的天差地别。

我被师父激励，我不要虚度一生，我不要做个只为了金钱而卖命的人，我想要致富的目的是为了帮助失学少年。人生不该只是活过一次，而是要留点东西给子孙。

因此我已经开始了我最想做的公益活动，那就是帮助失学少年。我曾经被迫在初二失学，到了第二年才有了义务教育的出台也就是念初中不再需要交学费时，可惜那时我已经进入社会无法走回头路了。这是我生命缺失的一块，也是我最大的痛，我要化悲痛为力量，把我栽培自己的意愿拓展到失学的少年身上。目前，我已捐助了 60 个孩子把高中读完，我会继续这样做，同时我也号召大家跟我一起做。

我的终极目标，是要在 30 年里，帮助 33333 个孩子读得起书。不但要让他们得到好的教育，更要懂得读书的难能可贵，最重要的是要让他们都成为懂得感恩的人，并且要学会给予。这个目标要在 30 年之内达成，我希望被帮助的每个人再帮一个人，接着就会出现又一个 3 万 3 千人，这样维持 20 年，我相信中国就再也没有读不起书的孩子了。

口 "缘来会爱"希望高中！

我相信爱与缘份会带来一切。一切都因缘份而来，我的名字是"园园"，同音字还有"缘"，我觉得两者密切相关，若我有能力，我想用这两个字来建立一所希望高中，这个中学的名称是"缘来会爱"高中。缘分来了就会充满着爱，我不觉得只有财力才可以做慈善或公益，有心就可以开始，所以我现在就开始。

做我该做的，我会充满使命感，做我喜欢做的，我会百分百全力以赴。我相信少年强则中国强、少年决定未来，培育年轻人才能产生更多的爆发力。失学是我关心的，我喜欢这个主题，我又特别喜欢小孩，我还年轻，相信有生之年一定可以完成我的公益目标：公益助学与办学。对此我充满信心，也邀请你一起来加入。如你愿意加入我这个行动，就请与我心连心一起帮助失学孩子，我们不为别的，一切只为了爱。

口 "微笑面对"生命的礼物

我的故事告诉大家，要"微笑面对"困难，任何困难都会峰回路转，彩虹就在前面等着我们。

我要分享我的故事，往往黎明来临之前总是漆黑一片。现在，我豁然开朗，凡事都是上天赐我的礼物，我开始学会满心欢喜的接受，我发现几乎每个困难都是上天在给我上一堂课。

我认为，通过我的小故事，将帮助到许多迷茫及不知如何对待逆境的朋友。我更想说的是如此平凡的我、连初中都没毕业的我能，你也能！

凡事都是上天赐我们的礼物，这本书整理出我前半生种种事件的人生意义，它们是大家可以参考的真实资料，相信对许多对人生有期待，但没有人教导如何开始迈向成功的年轻人有很大的帮助。困境的目的是激励出学习的动机及动力，若非有过那些困难遭遇，我就不会逼自己学习得这么彻底而造福于自身，这本书就是要把这些真实经历的人生历程告诉大家，节省大家的摸索过程。

谢谢你的关注，感恩你的支持，我们彼此的人生会从此刻发生连接吗？如若你有一点点感触，那么就请把这本书带回家吧！也欢迎你走进改变我生命的课程，在那里我们正式启航。

　　这本书里，如果有一句话是触动你的，而你行动了，那我就觉得这本书的价值就得到了体现。让我们发挥无敌的精神，共同创造未来的奇迹，加油！

101 个企业家的衷心力荐

1. 我对石园园老师的印象是，她是一个有大爱、懂得感恩报恩、学习和行动力超强、美丽智慧的女孩，在她这个年龄她就是榜样，也是我们学习的榜样！

——总经理 王吉美

2. 90 后的园园老师太令人震惊了，之前有幸看到过她的主持，好有感染力和穿透力，她是一个很机智、气场十足的女性，还是那么懂得感恩的人。私下里天真可爱，偶尔还搞怪，人见人爱。当然最重要的是太会招商了，最厉害的就是成交，绝对的厉害。

——终如始生物科技有限公司 董事长 陈汝昌

3. 园园老师是个有激情、大爱、超能量、感恩，并且特别愿意付出的人。记得有一次请园园老师举办一场活动，那天她刚办完一场活动已经 12 点，还帮大家改稿改到凌晨 2 点多，到家都凌晨 4 点了。第二天 6 点又起床往会场赶，虽然嗓子都哑了，还是能量无限，如此敬业的老师！

——美妙曲线 执行总裁 陈妙良

4. 园园老师是一位：具有坚强的意志力、目标清晰、具有影响力、思维反应敏捷的人。

——销售总经理 李敏

5. 非常优秀的 90 后年轻典范 创造了一个又一个的奇迹，多像园园老师学习。通过学习让我有了领导力，目前有两百多人的团队，相信未来我还会做得更好。

——TTWO 四总代 卢海鹏

6. 认识园园老师一年多，园园老师一直是我学习的榜样，一个了不起的 90 后！在舞台上魅力四射，光芒万丈！尝试过坚强的人都经历过无数的困苦，都面临过非常人能承受的恐惧，都避免不了插入心扉的绞痛。正因为这极强的坚持，排山倒海的气势冲击人心，毅力在不断的坚持下愈战愈强，使信念镀上一层百箭不侵的毅力盔甲。我心目中的园园就是超级无敌女战士！

——TTWO 梦想未央团队 创始人 李丽华

7. 期待园园成为阜阳人的骄傲，不断创造奇迹成为 90 后的典范，加油老乡。

——赤峰大北农 总经理 王小龙

8. 石园园老师是一个非常了不起并很懂得感恩的人。她出身在一个贫困的农村家庭，书读得很少，但她是一个敢于直面惨淡的现实、敢于与命运抗争的人。虽然现在年纪还很年轻，但是已经取得了很大的成就，特别是她的演讲水平和主持能力，特别的棒！感染力和控制场面的能力很强大，可以用挥洒自如来形容！我对石园园老师非常看好！

——诚力智扬控股集团有限公司 董事长 陈显新

9. 用所有的爱与智慧传播思想，我相信园园老师一定是我们 90 后最有影响力的女性演说家，绽放出最有魅力的璀璨人生，没人能唱你的歌，没人能跳你的舞！

——深圳市薇爱信传媒 董事长 杨扬

10. 园园老师是一个非常重情意的人，她的智慧和能力远远超过了她的年龄，而且非常有演讲的天分，她比常人更加努力，所以她是所有同龄人的典范！

——奇迹派演说门秘书处 秘书长 张定

11. 园园老师：我们虽然决定不了出身，但是可以通过后天来改变自己的命运，你竖立了一个很好的榜样！

——晖爷工作室 创始人 郑燕晖

12. 感恩是一切成功的力量。

——TTWO 全国总代 董巍

13. 努力付出就会遇见最好的自己！

——石家庄邦梦企业管理咨询有限公司 股东 褚运红

14. 最想对园园老师说的话："努力到无能为力，拼搏到感动自己。"

——晨旭上交所经纪人

15. 石园园老师是我们 90 后年轻人奋发努力，创造人生奇迹的优秀榜样！

——南宁市兆禾有限公司 总经理 陈茂嘉

16. 您的善良、感恩之心吸引了我！

——江苏美澳智能家居科技有限公司外贸部总经理 周媛

17. 舞台上的园园老师仿佛全身都散发着热情的光芒，让我看到了积极乐观的人生态度，敢于拼博上进的心态，拥有在人生逆境中彻底挣脱束缚的超强能力，这就是我看到的最真实的园园老师。

——温州顺泽网络科技有限公司 总经理 高骥

18. 非常感谢下一个奇迹这次活动，能让我认识园园老师这么感恩的人。我觉得只要我们人人都献出一点爱，世界将变成美好人间。谢谢老师！

——北京金谷雨品尚服装有限公司 董事长 高文彬

19. 园园老师是我学习的榜样！同时也是我见过的最懂得感恩、最有正能量的 90 后，期待和见证园园老师创造更多的奇迹！

——卓越领袖文化有限公司 负责人 张彩云

20. 园园老师，您是一个有大爱有感恩的人，相信梦想是价值的源泉，相信眼光决定未来的一切，相信成功的信念比成功本身更重要，你一定是最棒的。

32. 园园老师，敬佩的一位老师，爱你！

——总经理 刘世美

33. 园园老师是一位非常有梦想、特别有正能量的人，非常看好她的未来。

——深圳卓越领袖文化有限公司 总裁 胡明慧

34. 所有的困难和历练都是为了成就最美最自信的你！

——四季优美公司 一级经销商 罗锦华

35. 对园园老师的经历以及现在的成就很佩服，希望能和园园老师一样站在万人舞台上演讲、改变自己的命运，帮助更多人改变生命的命运。

——总经理 陈用梅

36. 相信就能拥有，感恩才能天长地久！

——无限极（中国）有限公司 业务主任 李永梅

37. 园园，我希望您能成为我和我孩子在生活中、学习中的榜样！我是一个两个孩子的宝妈。

——内蒙古恒信集团 工程管理部 王霞

38. 园园老师你是 90 后最有激情、最有创造力的演说家，希望你把这种活力保持 100 年！

26. 园园老师，因为你的故事影响到了我，相信您未来还可以影响更多人，让更多的人改变命运。

——TTWO 微奇商汇 董事长 曾建军

27. 园园老师，你太棒了，您的经历把我感动到哭了，向园园老师学习。

——总经理 赵丽玲

28. 石园园老师，你的今天一定是我的明天，我会坚持不懈向你看齐。

——四川吉娃家居饰品有限公司 董事长助理 涂茜

29. 感恩遇见大爱的园园老师，你的故事激励着我的每一个细胞，我要努力成就自己帮助他人创造奇迹。

——乐途网络科技有限公司市场营销总监 黄大任

30. 园园老师，你就像一朵美丽的向日葵，为我们指引方向！

——总经理 吴佩繁

31. 园园老师，我觉得你是一位热爱成长、愿意付出的人，更重要的是你非常地懂得感恩，在 21 岁你就有月入百万的经验，我相信在未来的几年内你一定能够站在国际的舞台上，你就是我们 90 后的学习典范。

——大学生 高赛

57. 园园老师是中国最年轻、最有爱心的女演说家之一。

——浙江新雅公司 总经理 马艳华

58. 你帮助多少人成功，就有多少人帮助你成功。

——杭州正晏控股有限公司 富婆俱乐部 & 弘爱国际创始人

央视上榜有机护肤品牌洛伊娜 全国总代 郝绍颖

59. 我想对你说："坚持付出为了泪水变得更有价值"。

——希望国际义工团 义工 陈嘉希

60. 园园老师真的是太励志了，以你为荣。

——总经理 杜晓奔

61. 我要有目标地活着，努力改变自己！园园老师，谢谢你！

——苏州安麦利粮油贸易有限公司 财务李行均

62. 我想对园园老师说的话就是我要跟在老师后面学习，我要想成就最棒的自己！

——总经理 兰秋蓉

63. 感恩遇见，感谢园园的分享，感恩之心离财富最近。

——总经理 张理雅

爱你，感恩我们的认识，感恩有你，相信你设立的所有目标统统达成，你值得拥有一切最美好的！

——酷腾商贸有限公司 董事长 肖美艳

52. 我想对园园老师说："事常与人违，事总在人为！我深深被老师不服输的精神所感动，加油，未来更精彩！"

——金不换财务机构 合伙人 李总

53. 您的人生是如此的不可思议，我们会一直陪伴着您创造更多的奇迹！

——亚太国际地产 全球营销顾问 林怡欣
Dana 亚太国际地产全球营销总监 叶骏

54. 园园老师是一个非常有大爱、非常优秀、非常有梦想的一位老师！

——公司事业部 总经理 小颖

55. 第一次见着园园，她在台上做主持人，VCR 说她只有 22 岁，我就想这个女孩太了不起了，这么小的年纪有着不相称的成熟与舞台魅力，从此就喜欢上了她。

——四季优美 总经销商 张浩

56. 天道酬勤，商道酬信，学道酬苦，业道酬精，人道酬诚。人生漫漫长路，希望园园老师身体健康，万事如意！

——邓总邓佳鹏

84. 亲爱的园园，爱在你身后，我们都是你的肩膀。

——总经理 岑宣宣

85. 园园师姨好，很愿意跟伟大的妈妈一起去云南最偏僻的大村小学帮助贫困山区的孩子们，一颗爱的种子种在我幼小的心灵里，我要学习您的《销售创造奇迹》这一本书，通过演讲帮助更多希望小学的孩子们。

——少年演说家 宋世烨

86. 期待园园老师的下一个奇迹！

——宁德市德欣伟业有限公司经理 王焜

87. 感谢园园老师的大爱，为那些曾经因为没有书读的小孩。

——总经理 郑隆成

88. 园园师姐，感谢上帝让你我有一个共同的恩师，很荣幸能和你成为一生的姐妹。你的经历和大爱精神一直激励着我，你的书将会成为青年励志、创业教科书，把更多人带向成功的巅峰。预祝你的书《销售创造奇迹》，畅销百万册！

——总经理 刘歌

89. 知识给人重量，成就给人光彩，大多数人只是看到了光彩，而不去称量重量。您是一个看到了光彩同时每天称量重量的人，爱您！

——总经理 兰红梅

77. 园园老师你是我见过的 90 后最棒的女孩，支持梦想、爱善天使。

——总经理 文素梅

78. 希望园园是成为师门里面最闪耀的星星！

——总经理 蒋可乐

79. 园园她是我见过所有 90 后中最有格局、最付出、特别有大爱的人，是我们学习的榜样！

——总经理 卢紫涵

80. 世界上独一无二的园园师姐，为了梦想奔跑吧，加油！

——总裁 徐铭辉

81. 园园是我见过 90 后的代表，她不不仅是人长得漂亮，而且高雅有内涵，聪明而且还具有大爱。

——天津西点教育 董事长 张俊丰

82. 园园能够彻底发挥演说的天分，成为女性演说领域最具有魅力的超级演说家。帮助更多人成为下一个奇迹！

——聚梦教育文化传播有限公司 董事长 张旭杰

83. 园园是一个非常懂得感恩的人，这辈子能和园园师姐成为一家人真的是非常的幸运。

84. 亲爱的园园，爱在你身后，我们都是你的肩膀。

——总经理 岑宣宣

85. 园园师姨好，很愿意跟伟大的妈妈一起去云南最偏僻的大村小学帮助贫困山区的孩子们，一颗爱的种子种在我幼小的心灵里，我要学习您的《销售创造奇迹》这一本书，通过演讲帮助更多希望小学的孩子们。

——少年演说家 宋世烨

86. 期待园园老师的下一个奇迹！

——宁德市德欣伟业有限公司经理 王焜

87. 感谢园园老师的大爱，为那些曾经因为没有书读的小孩。

——总经理 郑隆成

88. 园园师姐，感谢上帝让你我有一个共同的恩师，很荣幸能和你成为一生的姐妹。你的经历和大爱精神一直激励着我，你的书将会成为青年励志、创业教科书，把更多人带向成功的巅峰。预祝你的书《销售创造奇迹》，畅销百万册！

——总经理 刘歌

89. 知识给人重量，成就给人光彩，大多数人只是看到了光彩，而不去称量重量。您是一个看到了光彩同时每天称量重量的人，爱您！

——总经理 兰红梅

77. 园园老师你是我见过的 90 后最棒的女孩，支持梦想、爱善天使。

——总经理 文素梅

78. 希望园园是成为师门里面最闪耀的星星！

——总经理 蒋可乐

79. 园园她是我见过所有 90 后中最有格局、最付出、特别有大爱的人，是我们学习的榜样！

——总经理 卢紫涵

80. 世界上独一无二的园园师姐，为了梦想奔跑吧，加油！

——总裁 徐铭辉

81. 园园是我见过 90 后的代表，她不不仅是人长得漂亮，而且高雅有内涵，聪明而且还具有大爱。

——天津西点教育 董事长 张俊丰

82. 园园能够彻底发挥演说的天分，成为女性演说领域最具有魅力的超级演说家。帮助更多人成为下一个奇迹！

——聚梦教育文化传播有限公司 董事长 张旭杰

83. 园园是一个非常懂得感恩的人，这辈子能和园园师姐成为一家人真的是非常的幸运。

图书在版编目（CIP）数据

销售创造奇迹 / 石园园著 . -- 上海：文汇出版社，
2016.9

ISBN 978-7-5496-1872-9

Ⅰ . ① 销… Ⅱ . ① 石… Ⅲ . ① 销售－方法 Ⅳ .
① F713.3

中国版本图书馆 CIP 数据核字 (2016) 第 224765 号

销售创造奇迹

作　　者 / 石园园

责任编辑 / 熊　勇

装帧设计 / Gemini_jennifer

出版发行 /　Ｍ 文匯出版社
　　　　　　上海市威海路 755 号
　　　　　　（邮政编码 200041）

印刷装订 / 上海光扬印务有限公司

版　　次 / 2016 年 10 月第 1 版

印　　次 / 2016 年 10 月第 1 次印刷

开　　本 / 787×1092　1/16

字　　数 / 180 千

印　　张 / 17.5

ISBN 978-7-5496-1872-9

定　　价 / 58.00 元

图书在版编目（CIP）数据

销售创造奇迹 / 石园园著 . -- 上海：文汇出版社，2016.9

ISBN 978-7-5496-1872-9

Ⅰ . ①销… Ⅱ . ①石… Ⅲ . ①销售 - 方法 Ⅳ . ① F713.3

中国版本图书馆 CIP 数据核字 (2016) 第 224765 号

销售创造奇迹

作　　者 / 石园园

责任编辑 / 熊　勇

装帧设计 / Gemini_jennifer

出版发行 / 文匯出版社

　　　　　上海市威海路 755 号

　　　　　（邮政编码 200041）

印刷装订 / 上海光扬印务有限公司

版　　次 / 2016 年 10 月第 1 版

印　　次 / 2016 年 10 月第 1 次印刷

开　　本 / 787×1092　1/16

字　　数 / 180 千

印　　张 / 17.5

ISBN　978-7-5496-1872-9

定　　价 / 58.00 元